RECLAM-BIBLIOTHEK

Wie ist Lichtenberg eigentlich zu seinem gewaltigen Bukkel gekommen? Was hat er jahrelang in England gemacht? Bei welcher Hausangestellten hat er sich am meisten »soulaschiert«? Wie hieß sein »Düwel« mit bürgerlichem Namen? Wie hielt er's mit der Religion? Und wie mit der Französischen Revolution? Gegen wen richten sich seine Satiren und Polemiken? Und warum war Goethe sauer auf ihn? War Lichtenberg ein Hypochonder? Ein Judenfeind? Ein Selbstmord-Kandidat? Diese und viele weitere drängende Fragen beantwortet dieses Lichtenberg-Kompendium.

Frank Schäfer, geb. 1966, lebt in Braunschweig. Bei Reclam Leipzig sind von ihm erschienen: *Die Goldenen Siebziger. Ein notwendiges Wörterbuch* (1997, mit G. Fricke und R. Wartusch) und *Petting statt Pershing. Das Wörterbuch der Achtziger* (1998, mit G. Fricke).

Frank Schäfer

Lichtenberg-ABC

RECLAM VERLAG LEIPZIG

Mit 14 Abbildungen

ISBN 3-379-01636-5

Reclam-Bibliothek Band 1636
1. Auflage, 1998
Reihengestaltung: Hans Peter Willberg
Umschlaggestaltung: Matthias Gubig, Berlin,
unter Verwendung einer Zeichnung von
Georg Heinrich Wilhelm Blumenbach jr. (1780–1855)
Gesetzt aus Meridien
Satz: XYZ-Satzstudio, Naumburg
Druck und Bindung: Ebner Ulm
Printed in Germany

....

....

....

....

....

....

(↑Motti)

Eier, Kirche, Prügel

Anstatt eines Vorworts

Lichtenberg stand an diesem Sonntag – ganz gegen seine Gewohnheit – schon zeitig auf. Die tiefstehende Junisonne hatte sein kleines Mansardenzimmer so aufgeheizt, daß er es im Bett nicht mehr aushielt. Nach einem kurzen Frühstück, welches ihm die Jungfer Stechard – die, Lichtenberg sei Dank, schon längst keine Jungfer mehr war – bereitet hatte, beschloß er, hinaus ins Gartenhaus zu flanieren, um dort die wärmenden Sonnenstrahlen zu genießen, die seinem Rücken so ausgesprochen wohl taten. Und einmal wieder einen griechischen Klassiker zur Hand nehmen.

»Worum liest du bloat ümmer düsse oalen Schinkens«, fragte die Stechardin, als er sich von ihr mit einem Kuß verabschiedete, und wies mit ihrer niedlichen Kleopatra-Nase auf den ledernen Einband, den er in seiner Hand hielt.

»Ach, Kätzchen, weil nur wenige Gelehrte unserer Tage den Alten wirklich beikommen können. Ja, sie sind wohl über uns«, sann er, »weil sie die Natur mehr sahen, nicht so viel ums Brot schreiben mußten, vor allen Dingen aber, weil sie den verderblichen Systemgeist nicht hatten, der so manche richtige Beobachtung, die heute einer macht, vermanscht.« Er sah ihre fragenden Augen und wußte, daß sie das letzte nicht verstanden hatte.

»Schau, der gelehrte Zürcher Pfarrer Lavater zum Exempel, rein zufällig bemerkt er an einigen dummen Menschen eine Knollennase und aufgeworfene Lippen, und nun fällt diesem transzendentalen Ventriloquisten … ääh, also diesem Schwärmer nichts Besseres ein, als zu behaupten, alle Menschen, die dergleichen Nasen oder gar wulstige Lippen ihr eigen nennen, seien ebenfalls nur von geringem Verstande.«

Sie mußte lachen. »Dien Mund is doch oak ssau.«
Lichtenberg gab ihr schmunzelnd einen Klaps. »Na, da siehst du mal, was für ein dummes Zeug die Prediger heute reden – und viel schlimmer noch: schreiben. Heutzutage machen drei Pointen und eine Lüge schon einen Schriftsteller.«
Im stillen amüsierte er sich über die eigene Person. Auch privat kann ich den Professorenhut also nicht ablegen; wo sich mir eine Gelegenheit bietet, fasse ich sie beim Schopfe und fange an zu dozieren, als trüge ich mein Katheder wie einen Bauchladen mit mir herum.
Ein Gefühl dumpfer Befriedigung überfiel Lichtenberg jedesmal, wenn es ihm gelang, komplizierte Sachverhalte auf eine Weise zu veranschaulichen, die auch einfachen Geistern wie seiner Stechardin unmittelbar einleuchteten. Gutgelaunt kniff er sie zum Abschied in den Po (was sie mit einem gespielt entrüsteten »Frechdachs« quittierte) und machte sich auf den Weg. Wenn er noch etwas von der Morgensonne haben wollte, durfte er nicht länger trödeln.
»Kumm ower nech tau späte taun Middachäten«, rief sie ihm noch hinterher.
Er antwortete nicht, tat so, als wäre er schon außer Hörweite. Am Ende werde ich noch wie die englischen Gelehrten; die sitzen am Tisch, so fett und rund, essen und trinken sich einen Westenknopf nach dem anderen aus dem Knopfloch, und wenn sie das lange genug getrieben haben, stellen sie sich in der Westminster-Abtei neben Königen auf einen marmornen Sockel und lassen das Publikum, über das sie sich ein Leben lang lustig gemacht haben, für die Kosten aufkommen … Da ist ja auch schon die Eier-Aphrodite, Schutzpatronin meiner Manneskraft. Hoffentlich noch für länger.
Von weitem sah er eine ihm bekannte Göttingerin auf dem Hof ihre Hühner füttern; eine dralle Mittvierzigerin, leider verheiratet, die dem Lichtenbergschen Haushalt jede Woche zehn Eier lieferte und nicht nur aus Geschäftstüchtigkeit gut mit dem »lütschen Professar« stand. Er

brachte sie oft mit zweideutigen Anspielungen auf die erwünschten positiven Eigenschaften ihrer Hühnereier zum Lachen.
»Guten Morgen, liebe Frau, recht so, sei nur gut zu deinen Hühnern, damit sie auch weiterhin gut zu mir sind«, rief er ihr schon aus einiger Entfernung entgegen.
»Morjen, Herr Professar.« Sie warf nur einen kurzen Blick über die Schulter und fuhr in ihrer Tätigkeit fort, mit albern verstellter Stimme die Hühner zu locken und Körner auszustreuen.
Lichtenberg blieb stehen, ein wenig in seiner Eitelkeit gekränkt. Hat wohl Sorgen, die Frau. Bisher ist es immer ein leichtes gewesen, ihr wenigstens ein Lächeln abzuringen.
»Warum so bärbeißig, das Wetter ist doch viel zu schön für trübe Gedanken.«
»Ssei hefft chaut reden ower de Witterunge. Wenn ssei dat meemoken mößten, wat eek meetaumoken hewwe, denn wören ssei oak nech ssau chaut uppjelecht.«
Gartenhaus, Sonne und Aristoteles unterm Arm konnten warten, bedeuteten nichts mehr. Lichtenberg war nur noch Neugierde, stützte sich auffordernd auf den Gartenzaun. »Aber was haben Sie denn auf dem Herzen, das Sie so verdrießt.«
»Och«, winkte sie ab, »mien Mann is inne Kerke.«
Er mußte grinsen. »Nun, das ist fürwahr nicht der beste Ort, um sich seine Zeit zu vertreiben, aber ich kann nichts wirklich Verwerfliches daran finden.« Dort, wo er stand, konnte er den Kirchturm gerade noch sehen. Er ähnelt einem umgedrehten Trichter. Ganz recht. Ein Trichter, die Gebete in den Himmel zu leiten.
»Ower noah de Kerke mööt sse erst noch noahe Kneipe choan. Un wenn mien Mann denn noah Huus kummt, hat hei ssau einen inn'n Timpen, dat eek mannichmoal Slege kriege.«
Lichtenberg verabschiedete sich überstürzt und eilte schnellen Schrittes dem Gartenhaus entgegen. Glücklicherweise hatte er sein Sudelbuch dabei.

A

Abendmahl »*Der Pater:* Ihr seid Menschenfresser ihr Neuseeländer. *Neuseeländer:* Und ihr seid Gottfresser ihr Pfaffen.« – So, und nicht anders, beginnt man ein *Lichtenberg-ABC.*

Adel Obwohl sich Lichtenberg aufschreibt, wieviel Adlige in seinen Vorlesungen sitzen, und dann auch gelegentlich mit der stattlichen Zahl angibt, hätte er wohl abgestritten, daß es ihm irgend etwas bedeutet. Denn zu den Grundpfeilern des bürgerlich-aufklärerischen Ideologie-Gebäudes, in dessen vier Wänden sich auch Lichtenberg die meiste Zeit aufhält, gehört nun mal das Leistungsprinzip. Jeder möge doch bitte schön nur das bekommen, was er verdiene: »Ein allgemeines Maß für das Verdienst oder für die Wichtigkeit einer Verrichtung, das allen Ständen sogleich die wahre Größe einer Tat angäbe, wäre eine Erfindung, die eines moralischen Newton würdig wäre. Z. E. eine Compagnie vor des Kommandanten Haus zu exerzieren, ist gewiß nicht so schwer als ein paar Schuh zu sohlen … und ich behaupte ein Kleid gut zu schneiden ist zuverlässig schwerer als Hof-Kavalier zu sein … Eine solche Rangordnung, die aber gewiß dem Verfasser und dem Verleger den Kopf kosten würde, wünschte ich gedruckt zu sehen, sie existiert gewiß in dem Kopf jedes rechtschaffenen Mannes.«
Nun, zumindest wohl im Kopf jedes rechtschaffenen Bürgers, der sich etwas umsieht in der Welt – und dann nur noch konstatieren kann: »Wir finden keine Spur von Adel sonst in der Natur als bei den englischen Pferden.« Bloße Menschensatzung mithin, eingeführt in Olims Zeiten und längst obsolet. Noch dazu verdirbt er uns jeden Spaß:

»Manches an unserm Körper würde uns nicht so säuisch und unzüchtig vorkommen wenn uns nicht der Adel im Kopf steckte.«

Amerikanische Revolution »Solte es mit der Independentz von Amerika seine Richtigkeit haben, so wünsche ich die Folgen zu erleben. Es wird eine förmliche Völcker-Wanderung dorthin geschehen. Vielleicht erleben wir noch Vocationen Göttingischer Professoren nach der Alma Philadelphica und sehen Philadelphische Buchhändler auf der Leipziger Messe.«
Wie recht er damit hatte. Nur glauben wollte es Lichtenberg wohl noch nicht so richtig, Ende 1782. Neun Monate nach diesem Brief an seinen Hannoveraner Freund Johann Andreas Schernhagen war es dann aber wirklich soweit: im Pariser Frieden wurde den amerikanischen Kolonien die volle Unabhängigkeit vom Mutterland Großbritannien garantiert. Eine Schlappe fürs Königreich, über das sich Lichtenberg nicht wenig geärgert haben dürfte, denn in dieser Frage dachte er ganz als königstreuer Untertan, der in dem neuen Staatenbund folglich nicht mehr als eine »Spitzbuben-Republik« sehen konnte.
Auf seinem zweiten England-Besuch 1774/75 war der Abnabelungsprozeß der Kolonien schon voll im Gange, und jede Neuigkeit wurde entsprechend hitzig diskutiert. Lichtenbergs Kontakt zu Georg III. und der königlichen Familie sowie sein Umgang mit vorwiegend aristokratischen Gesprächspartnern haben ihn bald gegen die Kolonisten eingenommen, obwohl er manche ihrer Forderungen, wie zum Beispiel die Repräsentation im Parlament, für durchaus berechtigt hielt. Als der Unabhängigkeitskrieg dann schließlich ausbricht – nach diplomatischen Fehlern auf beiden Seiten –, ist klar, wem Lichtenbergs Sympathien gehören. Mit parteiischem Interesse verfolgt er den Kriegsverlauf, auch noch, als er schon längst wieder in Göttingen weilt. So schreibt er im Dezember 1776 – Georg Washington ist soeben, im Herbst desselben Jahres, mit seinen Truppen aus New York vertrieben worden – an Schernhagen: »Die

Nachricht von der Niederlage der Amerikaner, hat mir und allen meinen Freunden eine recht hertzliche Freude verursacht …« Und im Januar des folgenden Jahres erklärt er ebenfalls in einem Brief an Schernhagen: »Ich habe eine sehr gute Special Charte von dem gantzen Kriegs Theater in meinem Zimmer angenagelt und es ist eine sehr angenehme Beschäfftigung für mich alle Schritte der Gerechtigkeit die sie dort mit dem Schwert in der Hand thut auf der Charte zu verfolgen und meinen jungen Leuten zu erklären.« Ziemlich starker Tobak. Und Lichtenbergs Antiamerikanismus wird sich noch verschärft haben, als einige seiner englischen Studenten, um die er sich in Göttingen bevorzugt gekümmert hatte und die nun gegen die Separatisten in Übersee kämpften, auf dem Schlachtfeld blieben. Aber daß der »Amerikanische Krieg unglücklich ausgehen« könnte, damit hat er wohl nie wirklich gerechnet. Als die Fakten für sich sprechen und er von Schernhagen ein paar seltene Geldmünzen aus der neuen Republik, die bisher vor allem Assignaten als Zahlungsmittel gedruckt hatte, zur Ansicht bekommt, bleibt er weiterhin skeptisch: »Noch scheint mir der gantze Staat etwas papiernen zu seyn. Wir wollen sehen, was sie künfftig für eine Regierung ausmüntzen werden.« Verhaltene Skepsis also, aber doch nicht ganz ohne Wohlwollen. Bei der nächsten Revolution in der unmittelbaren Nachbarschaft liegt der Fall dann wieder ganz anders (↑Experimental-Politik).

B

Buckel »Bis in sein achtes Jahr hatte er einen gesunden und wohlgebildeten Körper gehabt; aber von dieser Zeit an zeigten sich die Folgen der Unvorsichtigkeit einer Wärterin, die sein Rückgrat verrenkt hatte. Durch diesen Unfall ward, doch ohne Einfluß auf seine Munterkeit, der

Körper immer schwächlicher, und früh überzeugte er sich, er tauge nicht zum Geschäftsleben und selbst nicht zu denjenigen gelehrten Ständen, die zugleich eine dauerhafte Konstitution verlangen. Er bekam einen verwachsenen Körper.«

Ein folgenreiches Märchen, das uns Friedrich Schlichtegroll da auftischt (in seinem 1799er *Nekrolog* auf Lichtenberg). Horst Gravenkamps Studien haben etwas anderes ergeben. Demnach litt Lichtenberg unter Kyphoskoliose wohl infolge einer Rachitis im Kindesalter – die arme Amme trifft mithin keine Schuld. Das heißt nun (für uns Nichtmediziner): Seine Brustwirbelsäule wies eine starke Seitenausbiegung auf, aus der eine Verdrehung des Brustkorbes resultierte, die sich dann optisch in einem vorderen und hinteren Buckel niederschlug. Von einem Hörer der letzten Experimentalphysik-Vorlesung Lichtenbergs ist folgendes Porträt überliefert, das sich mit den Äußerungen anderer Zeitgenossen in etwa deckt: »Sein großer Geist befand sich in einem kleinen, sehr elenden, vorn und hinten gebuckelten Körper, den er, was freilich eine Schwäche von ihm war, so viel wie möglich, aber vergebens zu verbergen suchte. Stehend vor einem langen, breiten Tische …, befand sich hinter seinem Rücken eine große, schwarze Tafel. Wenn er an dieselbe etwas schrieb oder zeichnete, was mit sicherer Hand und recht schön geschah, so drehte er seinen Rücken nie nach den Zuhörern hin; vielmehr blieb derselbe hierbei immer nach der Tafel hingewendet. Gut verstand es unser Professor, bloß die Hand mit der Kreide an der Tafel herum zu führen und doch sehr gut zu schreiben und zu zeichnen. Immer ging er, damit seine Zuhörer den Buckel nicht sehen sollten, von seiner Stube aus seitwärts in den anstoßenden Hörsaal, und ebenso ging er auch wieder heraus.«

Die Scham ist das eine, das andere ist das konkrete physische Leiden an der Knochenverbildung, die Herz und Lunge in Mitleidenschaft zieht, zu Kurzatmigkeit, asthmatischen Hustenanfällen, Bluthusten, Fieber und Abmagerung sowie zu Lungen- und Brustfellentzündungen führen kann. Lichtenberg hat all das in Abständen mitgemacht und seit den 80er Jahren immer wieder über Engbrüstigkeit geklagt. Im Oktober 1789 kulminiert der Krankheitsverlauf und führt zu einem »krampfigten« Asthma – Lichtenbergs »große Krankheit« bricht aus, die ihm fast das Leben kostet. Der von seinem Hausarzt hinzugezogene Spezialist August Gottlob Richter hat später in einem Lehrbuch beschrieben, wie sich ein Ausbruch des »Asthma spasmodicum convulsivum« für gewöhnlich äußert, und damit für uns recht anschaulich dargetan, was Lichtenberg durchzustehen hatte: »Der erste Anfall kommt gemeiniglich zur Nachtzeit. Bei plötzlichem Erwachen wird eine bedeutende Beklemmung in der Brust, das Gefühl von Zusammenschnüren empfunden. Der Kranke keicht, schnappt ängstlich nach Luft, empfindet große Angst, kann nicht in der horizontalen Lage bleiben, sucht sehnsüchtig Erleichterung durch das Einatmen einer kühlen, frischen Luft, und nimmt um sich zu helfen, starke Muskelbewegungen vor.« In schlimmen Fällen, und von ei-

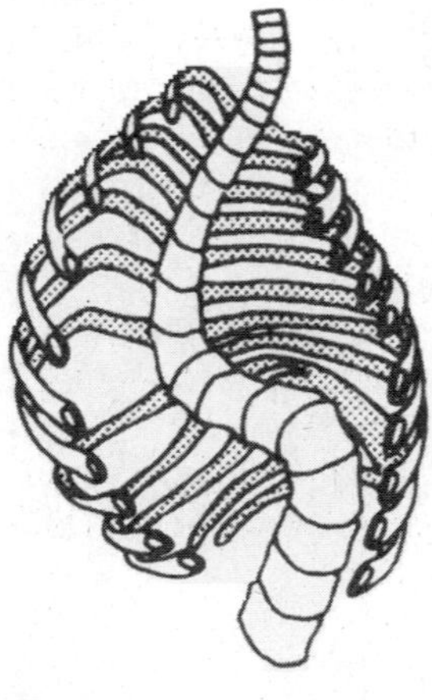

Aus: Rolf Meister: Atemfunktion und Lungenkreislauf bei thorakalen Skoliosen. Stuttgart/New York 1980, S. 5

nem solchen ist bei Lichtenberg wohl auszugehen, kann die Krankheit auch folgendermaßen verlaufen: »Das Übel befällt sogleich mit der fürchterlichsten Angst. Der Zustand einer halben Ohnmacht ist damit verbunden; kalte Schweiße brechen aus; die Extremitäten sind kalt; das anfangs freie Bewußtsein wird bald verdunkelt. Das Gesicht ist entweder blaß und eingefallen, und dann fehlen selten gleichzeitige andere Zufälle der Lähmung, unwillkürlich abgehender Urin und Stuhlgang, weit aufstehendes, gläsernes, gebrochenes Auge mit erweiterter Pupille, weit offenstehende Augenlider, kleiner zitternder oft kaum fühlbarer Aderschlag. Oder das Gesicht sieht roth aus, mit bläulichten, braunen, dunkelblauen, wie marmorirten Lippen und rothen aus den Hölen hervorgetriebenen Augen … Nicht selten erfolgt der Tod schon im ersten Anfall.«
Man kann es Lichtenberg vielleicht nachfühlen, wenn ihm Ende Januar 1790, er befindet sich gerade halbwegs auf dem Wege der Genesung, gegenüber dem Schulfreund Amelung ein brieflicher Stoßseufzer entfährt: »Was ich ausgestanden habe und noch ausstehe ist unbeschreiblich.« Die »Revolution in meinem Körper«, die etwa gleichzeitig mit der Französischen ausbrach, hatte eine tiefe existentielle Kerbe geschlagen. An Johann Gottwerth Müller, dem medizinisch kundigen Freund, der wohl wußte, wie es um Lichtenberg stand, schreibt er vier Jahre später: »Meine Munterkeit, meine Furchtlosigkeit, meine Sorgenlosigkeit, meine Liebe zum Lesen und Schreiben wenigstens für mich selbst, Tätigkeit überhaupt, alles das blieb im Bette und ist nun fort. Mein ganzes jetziges Leben kömmt mir so unzusammenhängend mit sich selbst und mit dem vorigen Teil vor …«
Auch solche depressiven Zustände gehören zum typischen Krankheitsbild des Kyphoskoliotikers. Dennoch finden sich Bekenntnisse dazu eher selten, sehr viel häufiger liest man die halb scherzhafte Klage über seine vermeintliche Hypochondrie – obwohl sich Lichtenberg vom 1789er Paroxysmus nie wieder ganz erholte, also weiterhin ernstlich krank blieb. Anscheinend glaubte er sich nur mit der

selbstironischen Krankheitsverleugnung der »Übermacht des Somatischen« (Gravenkamp) erwehren zu können. Am Ende scheint er seinen baldigen Tod zu erahnen: »Er hustete so hohl, daß man in jedem Laut den doppelten Resonanz-Boden von Brust und Sarg mitzuhören glaubte«, notiert er sich Ende 1798. Und im Tagebuch steht unterm 1. Januar 1799: »Es geht ans Leben dieses Jahr.« Er sollte recht behalten.

Burschenschwänze Satire ist in aller Regel gerade dann am schärfsten, wenn sie sich möglichst eng dem inkriminierten Gegenstand anlehnt, mit den notwendigen Verzerrungen also eher sparsam umgeht. Eine Probe aufs Exempel ist Lichtenbergs grandioses *Fragment von Schwänzen. Ein Beitrag zu den Physiognomischen Fragmenten*. Und nur ein Philister wie Lichtenbergs ansonsten braver Biograph Franz H. Mautner, der zum Lachen über Obszönes augenscheinlich erst in den Keller gehen muß, kann diesem witzigen Capriccio bescheinigen: »Als unterhaltender Scherz erscheint uns das *Fragment* weit weniger witzig, als meist behauptet wird.« Hinfort mit dir, Spielverderber.
Der Untertitel zeigt an, auf wen es Lichtenberg hier abgesehen hatte: auf Lavater und dessen obskure ↑Physiognomik-Lehre nämlich, konkret auf das Hauptwerk in dieser Geheimwissenschaft des Gesichterlesens, die *Physiognomischen Fragmente*. Die boten inhaltlich und vor allem stilistisch selbst ausreichend satirisches Potential, so daß Lichtenberg nur mehr Lavaters Diktion imitieren mußte – was ihm ja schon einige Jahre vorher im *Timorus* (↑Proselytenmacherei) vortrefflich gelungen war –, um beifällige Lacher zu ernten. Ein übriges tut der eigentlich naheliegende, nichtsdestoweniger wirksame Kunstgriff, dessen arkane Zeichendeuterei auf ganz und gar unangemessene Gegenstände anzuwenden, eben jene Sau-, Hunde- und »Purschenschwänze« (Perückenzöpfe der Studenten). Etwa: »Der du mit menschlichen warmen Herzen die ganze Natur umfängst, mit andächtigen Staunen dich in jedes ihrer Werke hinfühlst, lieber Leser, teurer Seelen-

freund, betrachte diesen Hundeschwanz, und bekenne ob Alexander, wenn er einen Schwanz hätte tragen wollen, sich eines solchen hätte schämen dürfen. Durchaus nichts weichlich, ›hundselndes, nichts damenschößigtes, zuckernes‹ mausknapperndes, winzigtes Wesen. Überall Mannheit, Drangdruck, hoher erhabener Bug und ruhiges, bedächtliches, kraftherbergendes Hinstarren, gleichweit entfernt von untertänigem Verkriechen, zwischen den Beinen, und hühnerhündischer, wildwitternder, ängstlicher unschlüssiger Horizontalität ... Liebe, Herzens-Wonne Natur, wenn du dereinst dein Meisterstück mit einem Schwanz zieren willst, so erhöre die Bitte deines bis zur Schwärmerei warmen Dieners, und verleihe ihm einen wie B.«

B

Komische Wirkung erzielt Lichtenberg aber auch – vor allem bei den absurden Zopf-»Erklärungen« – durch den obszönen Nebensinn, der zwar an keiner Stelle direkt ausgesprochen wird, jedoch stets überdeutlich mithallt:
»1) Ist fast Schwanz-Ideal. Germanischer, eiserner Elater im Schaft; Adel in der Fahne; offensivliebende Zärtlichkeit in der Rose; aus der Richtung fletscht Philistertod und unbezahltes Konto. Durchaus mehr Kraft als Besonnenheit.
2) Hier überall mehr Besonnenheit als Kraft. Ängstlich gerade, nichts Hohes, Aufbrausendes ..., süßes Stutzerpeitschgen, nicht zur Zucht, sondern zur Zierde, und zartes Marzipanherz ohne Feuer-Puls. Ein Liedchen sein höchster Flug, ein Küßchen sein ganzer Wunsch.

3) Eingezwängter Fülldrang. Eine Pulvertonne unter einem Feuerbecken vergessen. Wanns auffliegt, füllts die Welt. Edler vortrefflicher Schwanz, englisch in beiderlei Verstand. Schade, daß du von sterblichem Nacken herabstarrst. Flögst du durch die Himmel, die Kometen würden sprechen: welcher unter uns will es mit ihm aufnehmen. Studiert Medizin.«

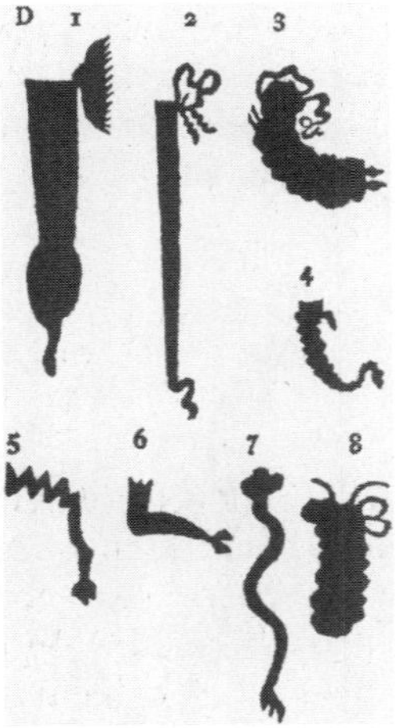

Die Zeitgenossen erkannten Lavaters alogische, assoziative, ekstatische, von überdrehten Wortbildungen so reiche Diktion und schlugen sich vor Vergnügen die Schenkel. Das heißt, zunächst einmal nur Lichtenbergs Freundeskreis, denn hier kursierte die Satire, bevor sie 1783, immerhin erst sechs Jahre nach der Abfassung, gedruckt wurde. Dann aber trat sie sogleich ihren Siegeszug an – am 6. März 1783 schreibt Lichtenberg nach Hannover, an seinen Freund Schernhagen: »Es ist besonders wie die Schwantz Physiognomick gefallen muß mit jedem Posttag muß Dieterich welche verschicken. Man sieht daraus was man thun muß um Applausum zu haben. … Dieterich sagt immer ich könte einen Buchhändler glücklich machen, aber mich zugleich unglücklich pflege ich ihm zu antworten. Mir ist immer bange, daß ehestens einmal noch so etwas von mir erscheint, das ich ebenfalls um jene Zeit geschrieben habe, und das war eine Physiognomick der 12 Bilder in den l'hombre Karten, die auch nicht mehr in meinen Händen ist.« Eine satirisch-physiognomische Interpretation von Kartenspiel-Figuren – Lichtenberg zog sie sogar »der Schwantzphysiognomick vor« – hat es demnach auch gegeben: Die ist nur leider verschollen. Das hinwiederum wird zwar einen Franz H. Mautner kaltlassen, wir indessen wollen es bedauern.

C

Champagner Der zwischen diätetischer Lebensart und hemmungslosem Hedonismus schwankende Lichtenberg hat sich den moussierenden Luxus schon mal gegönnt. Und es spricht tatsächlich für die von ihm beschworene Stärkung der imaginativen Fähigkeiten durch den Alkohol (↑Trinken; Methyologie), wenn er anschließend tief hineinkriecht in die Champagnerflasche, sich mit ihr identifiziert und die »Bouteille« im Epigramm zum Leben erweckt:

Die Champagner-Bouteille im Kühlfaß

So lang' ich fest steh', steht mein Herr;
So bald ich tanze, tanzt auch er;
Kaum tauml' ich um und lege mich,
So taumelt Er und legt auch Sich.

Cheapside und Fleet Street Januar 1775. Lichtenberg hält sich immer noch in England auf, ist gerade Gast der königlichen Familie in Kew, wo er tapfer dem königlichen

Roastbeef zuspricht und, sooft es das Wetter zuläßt, eine Kutsche ordert, um ins nahe London zu reisen und, tja, sich von den mannigfaltigen Reizen dieser größten aller Großstädte der Zeit überfluten zu lassen. Am 10. Januar 1775 scheint trübes Wetter gewesen zu sein – oder Lichtenberg fühlte sich unleidlich. Jedenfalls bleibt er heute zu Haus und schreibt einen langen Brief an Ernst Gottfried Baldinger, in dem er seinem Freund ein »flüchtiges Gemählde von einem Abend in London auf der Strase« zeichnet: »Ich will dazu cheapside und fleetstreet nehmen, so wie ich sie in voriger Woche, da ich des Abends etwas vor 8 Uhr aus Herrn Boydells Haus nach meinem Logis gieng, gefunden habe.« Und mit der nun folgenden detailgenauen, atemlosen Schilderung dieser beiden Londoner Geschäftsstraßen gelingt ihm dann auch sogleich Außergewöhnliches – die »erste Großstadtbeschreibung, die es in der deutschen Literatur gibt«. Diese Ansicht vertritt jedenfalls Wolfgang Kayser in seinem Standardwerk germanistischer Proseminare, *Das sprachliche Kunstwerk*. Und da wollen wir denn auch nicht widersprechen. Zu schön, um unwahr zu sein.

Lichtenberg schreibt: »Stellen Sie sich eine Strase vor etwa so breit als die Weender [in Göttingen], aber, wenn ich alles zusammen nehme, wohl auf 6mal so lang. Auf beyden Seiten hohe Häuser mit Fenstern von Spiegel Glas. Die untern Etagen bestehen aus Boutiquen und scheinen gantz von Glas zu seyn; viele tausende von Lichtern erleuchten da Silberläden, Kupferstichläden, Bücherläden, Uhren, Glas, Zinn, Gemählde, Frauenzimmer-Putz und Unputz, Gold, Edelgesteine, Stahl-Arbeit, Caffeezimmer und Lottery Offices ohne Ende. Die Straße läßt [scheint], wie zu einem Jubelfeste illuminirt, die Apotheker und Materialisten [Drogisten] stellen Gläßer … mit bunten Spiritibus [Spirituosen] aus und überziehen ganze Quadratruthen mit purpurrothem, gelbem, grünspangrünem und Himmelblauem Licht. Die Zuckerbäcker blenden mit ihren Kronleuchtern die Augen, und kützeln mit ihren Aufsätzen die Nasen, für weiter keine Mühe und Kosten, als daß

Zeichnung Lichtenbergs von Lord Bostons Haus in Lower Grosvenor Street, in dem er auf der zweiten Englandreise logierte. *Reise-Tagebuch*, 1774

man beyde nach ihren Häusern kehrt; da hängen Festons [Girlanden] von spanischen Trauben, mit Ananans abwechselnd, um Pyramiden von Aepfeln und Orangen, dazwischen schlupfen bewachende und, was den Teufel gar los macht, offt nicht bewachte weißarmigte Nymphen mit seidenen Hütchen und seidenen Schlenderchen [Umhängen]. Sie werden von ihren Herrn den Pasteten und Torten weißlich zugesellt, um auch den gesättigten Magen lüstern zu machen und dem armen Geldbeutel seinen zweytlezten Schilling zu rauben, denn hungriche und reiche zu reitzen, wären die Pasteten mit ihrer Atmosphäre allein hinreichend. Dem ungewöhnten Auge scheint dieses alles ein Zauber; desto mehr Vorsicht ist nöthig, Alles gehörig zu betrachten; denn kaum stehen Sie still, Bums! läuft ein Packträger wieder Sie an und rufft by Your leave wenn Sie schon auf der Erde liegen. In der Mitte der Strase rollt Chaise hinter Chaise, Wagen hinter Wagen und Karrn hinter Karrn. Durch dieses Getöße, und das Sumsen und Geräusch von tausenden von Zungen und Füßen, hören Sie das Geläute von Kirchthürmen, die Glocken der Postbedienten, die Orgeln, Geigen, Leyern und Tambourinen englischer Savoyarden [Schausteller], und das Heulen derer, die an den Ecken der Gasse unter freyem Himmel kaltes und warmes feil haben. Dann sehen Sie ein Lustfeuer von Hobelspänen Etagen hoch auflodern in einem Kreis von jubilirenden Betteljungen, Matrosen und Spitzbuben. Auf einmal rufft einer dem man sein Schnupftuch genommen: stop thief und alles rennt und drückt und drängt sich, viele, nicht um den Dieb zu haschen, sondern selbst vielleicht eine Uhr oder einen Geldbeutel zu erwischen. Ehe Sie es sich versehen, nimmt Sie ein schönes, niedlich angekleidetes Mädchen bey der Hand: come, My Lord, come along, let us drink a Glass together, or I'll go with You if You please; dann passirt ein Unglück 40 Schritte vor Ihnen; God bless me, rufen Einige, poor creature ein Anderer; da stockt's und alle Taschen müssen gewahrt werden, alles scheint Antheil an dem Unglück des Elenden zu nehmen, auf einmal lachen alle wieder, weil einer sich aus

Versehen in die Gosse gelegt hat; look there, damn me, sagt ein Dritter und dann geht der Zug weiter. Zwischen durch hören Sie vielleicht einmal ein Geschrey von hunderten auf einmal, als wenn ein Feuer auskäme, oder ein Haus einfiele oder ein Patriot zum Fenster herausguckte. In Göttingen geht man hin und sieht wenigstens von 40 Schritten her an, was es giebt; hier ist man (:hauptsächlich des Nachts und in diesem Theil der Stadt (the City):) froh, wenn man mit heiler Haut in einem Neben Gäßgen den Sturm auswarten kan. Wo es breiter wird, da läuft alles, niemand sieht aus, als wenn er spatzieren gienge oder observirte, sondern alles scheint zu einem sterbenden gerufen. Das ist Cheapside und Fleetstreet an einem December Abend.«

Und wahrhaftig, wir lesen hier keine distanzierte, kühl kalkulierte Großstadtbeschreibung aus der Vogelperspektive, wie es eher den zeitgenössischen Gepflogenheiten entsprochen hätte – das *ist* Cheapside und Fleet Street. Ein brillantes Stück Vergegenwärtigungskunst, das dem Leser hübsch dissonant in den Ohren klingelt und von Alfred Döblins virtuosem *Berlin Alexanderplatz* gar nicht so weit entfernt liegt.

Cross-Reading Unter Lichtenbergs England-Notizen aus den Jahren 1774/75 befindet sich auch eine Liste mit merkwürdigen Einträgen, die so recht keinen Sinn ergeben wollen. Da steht etwa: »Die neue Galanteriekrämerin am Markte verkauft – Schnupfen, Kopfweh und andere Zufälle.« Hm.

Noch skurriler: »Neulich gab der Churfürst dem Capitel ein splendides Diner – Drei Personen wurden gerettet, die übrigen ersoffen.« Am absurdesten freilich, noch dazu mit einem schön-obszönen Nebensinn, diese Notiz: »Die Vermählung des Grafen v. P… ist glücklich vollzogen worden – Er hat aber Gottlob! nicht gezündet.« Gottlob – oder nicht vielleicht doch eher Gott sei's geklagt? Na, wie auch immer. Was macht Lichtenberg hier? Die Überschrift *Nachahmung der englischen Cross-readings* und eine dazugehörige

Fußnote geben Aufschluß: »Man muß sich vorstellen, das Lesen geschehe in einem öffentlichen Blatte, worin sowohl politische, als gelehrte Neuigkeiten, Avertissements von allerlei Art, usw. anzutreffen sind: der Druck jeder Seite sei in zwei oder mehrere Kolumnen geteilt, und man lese die Seiten *quer durch*, aus einer Kolumne in die andere.«

Mit anderen Worten, Lichtenberg versucht sich am Querlesen – das eben meint Cross-Reading –, einem im England des 18. Jahrhunderts bereits fest etablierten Gesellschaftsspiel: Bei Tee und Gebäck läßt eine gesellige Runde mehrspaltig gedruckte Texte, vor allem Zeitungen, aber gern auch Klassiker, kreisen und liest der Reihe nach daraus vor. Der jeweilige Leser folgt aber nicht dem Textverlauf der Kolumne, sondern springt willkürlich von einer zur nächsten und kombiniert auf diese Weise Satzteile, die räumlich wie sachlich weit voneinander entfernt liegen.

Qualität und Effekt solcher zufälligen Permutationen sind naturgemäß sehr unterschiedlich. So können durch die Herstellung neuer Sinnkontaminationen nachgerade aphoristische Gedankenblitze entstehen (wie im Falle des impotenten Grafen v. P...); oder es ergeben sich kuriose und damit lachenmachende Disproportionen, die sicher mitunter auch entlarvende Funktion haben – etwa wenn die frivole Lese-Sozietät einen Klassiker (die Bibel gar?) durch eine absurde Collage seiner strahlenden Aureole beraubt. In den meisten Fällen kommt aber wohl der reine Nonsens dabei heraus, was an verregneten Sonntagnachmittagen, an denen die obligatorische Landpartie ausfallen muß, doch immerhin auch schon etwas ist.

Lichtenberg hat dieses Spiel während seines Englandaufenthalts kennengelernt und augenscheinlich Gefallen daran gefunden. Das alles wäre nun nicht weiter der Rede wert und nur als kulturhistorische Miszelle zu Lichtenberg und seinem 18. Jahrhundert von Interesse, wenn hier nicht bereits Strukturprinzipien der Avantgarde-Literatur des 20. Jahrhunderts vorweggenommen wären. In der

Montage-Literatur der Dadaisten passiert schlechterdings nichts anderes. Vorgefundenes Sprachmaterial (nicht zuletzt aus der Journaille) wird in seine Bestandteile zerlegt und wieder neu zusammengesetzt, verfremdet, absurd, häufig mit satirischer Tendenz. Nur die Intention ist eine etwas andere. Den Dadaisten geht es vor allem um eine Entsemantisierung der Sprache, um eine exzessive, in letzter Konsequenz betriebene Demonstration des Auseinanderfallens von Wort und Welt. Die Dichtung soll sich jeder Möglichkeit einer Sinnprojektion entziehen, um ein für allemal zu zeigen, daß sich mit der Sprache einiges anstellen, aber eben nicht Wirklichkeit abbilden läßt.
Daran hat selbst ein Sprachskeptiker wie Lichtenberg noch nicht gedacht. Aber ein Notat wie dieses: »Ein junger starker Kerl, der schon als Reitknecht gedient – Vertreibt Valeurs und Mutterzufälle in kurzer Zeit« – erinnert das nicht schon ein wenig an die Texte, sagen wir mal eines Kurt Schwitters? Etwa an sein berühmtes *Aufruf*-»Epos«, das Arbeiterparolen, Auszüge aus Kriegsreportagen, Zeitungsinseraten, eigenen *Anna-Blume*-Gedichten und einem Medizinhandbuch kompiliert: »Es geht ums Ganze, um Sein oder Nichtsein unseres Vaterlandes. Auch der Martinstag ist solch ein alter Kalendertag. Du schlichtes Mädchen im Alltagskleid, du liebes grünes Tier, ich liebe dir! Du, deiner, dich, dir, ich dir, du mir. – Wir? Daher muß jeder Kriegsanleihen zeichnen.«

D

Düvel Auch »Dübel«, »Düvl«, »Duvel«, »devil«, »Teufel« und »Satan«. Beziehungsweise »Dolly«, wohl nach der gleichnamigen Magd in Laurence Sternes *Tristram Shandy*. So tarnt Lichtenberg im Tagebuch die beiden Hausangestellten Dortchen und Hanne, Töchter seines ehemaligen

Dieners Heinrich Braunhold, die augenscheinlich allen ihren Pflichten als Mägde Lichtenbergs – wenn auch bisweilen mit Zeter und Mordio – nachgekommen sind. Werfen wir ein paar kursorische Blicke ins Diarium:
16. 2. 1794: »Abend viel Düvl gut und nachher wieder schlecht.«
23. 2. 1794: »Düvl sehr gut, du!«
4. 3. 1794: »Etwas heitrer Düvl's strongest pull on the bedside.«
19. 3. 1794: »Abends etwas gedübelt.«
3. 4. 1794: »Abends Devil almost to the number.«
21. 4. 1794: »Den Nachmittag devil sehr lang und sehr near it, so kömmt es nicht wieder.«
14. 8. 1794: »Sehr viel Düvel fast gefährlich.«
21. 12. 1794: »Dolly many.«
4. 1. 1795: »belDü fürchterlich.«
Und so fort und fort. Kurzum, Lichtenberg hat sich ein ums andere Mal bei seinen Mägden »soulaschiert« – und mußte dies mit kleinen Geldgeschenken, aber auch mit einiger Seelenpein bezahlen. Das schlechte Gewissen seiner Frau gegenüber; die ständigen »quarrels«, wenn die wieder etwas spitzgekriegt hatte; die Enttäuschungen, wenn man ihm nicht so willfahrtete, wie es dem angesehenen Experimental-Physiker geziemte; und vor allem die Erniedrigung, wenn sein getreuer »Liøn« ihn im Stich ließ: »grand, grand humiliation!! Finis.« Kein Wunder, Lichtenbergs Gesundheitszustand war in den 90er Jahren schon reichlich desolat. Ja, in ↑England, damals ... Aber nichtsdestoweniger ließ er auch weiterhin keine Gelegenheit »verstreicheln«. Noch kurz vor seinem Tod, am 14. Februar 1799, vier Tage vor der letzten Tagebucheintragung, kann er einmal mehr triumphieren: »Viel Satan den Abend.«

E

Elektrische Figuren Weil er sich selbst unpäßlich befand, bat Lichtenberg seinen Lehrer Kästner, in der öffentlichen Versammlung der Königlichen Sozietät der Wissenschaften vom 3. Mai 1777 ein *Pro memoria* seiner Entdeckung zu verlesen. Im Jahr darauf stellte er sie dann in zwei lateinischen Sozietätsvorlesungen *De nova methodo naturam ac motum fluidi electrici investigandi* (was soviel heißt wie: »Über eine neue Methode, die Natur und Bewegung der elektrischen Materie zu erforschen«) selbst vor. Darin rapportiert er den hochgelahrten Herren, was ihm während seiner Experimente mit dem Elektrophor, einem Gerät zur Speicherung und gezielten Abgabe statischer Elektrizität, Merkwürdiges, ja sehr Merkwürdiges widerfuhr: »Sub initium veris anni 1777, cum post recens finitum Electrophorum, omnia in cubiculo adhuc plena erant pulveris resinosi subtilissimi ...« Pardon! »Gegen Frühlingsanfang des Jahres 1777, unmittelbar nach der Fertigstellung meines Elektrophors, war mein Zimmer noch voll von feinstem Harzstaub, der beim Abhobeln und Glätten des Fundaments bzw. der Grundfläche des Instruments aufgestiegen war, sich danach an den Wänden und auf den Büchern abgesetzt hatte und oft bei Luftzug zu meinem großen Verdruß auf den Schild des Elektrophors herabfiel. Als ich aber später des öfteren den Schild an der Zimmerdecke hängen ließ, geschah es, daß der auf der Grundfläche liegende Staub diese nicht, wie zuvor den Schild, gleichmäßig bedeckte, sondern sich nun an mehreren Stellen zu meinem großen Vergnügen in kleinen Sternen anordnete, die anfangs matt und schwer zu erkennen waren, die aber, als ich mit Eifer mehr Staub darauf streute, sehr deutlich und sehr schön wurden ... Es zeigten sich mitunter fast unzählbar viele Sterne, Milchstraßen und größere Sonnen; ... ganz fein gebildete Ästchen ...; ferner Wolken, sehens-

wert in ihrer mannigfachen Gestalt und den verschiedenen Graden des Schattens; und schließlich andere Figuren von besonderer Form.«
So etwa sah elektrophysikalische Grundlagenforschung im 18. Jahrhundert aus. Und was Lichtenberg hier erforschte, bildet die Grundlage für die moderne Xerographie (den Trockendruck). Jeder handelsübliche Photokopierer funktioniert im Prinzip immer noch genauso. Anstatt des Harzkuchens, Lichtenberg spricht vom »Fundament bzw. der Grundfläche des Geräts«, wird eine Me-

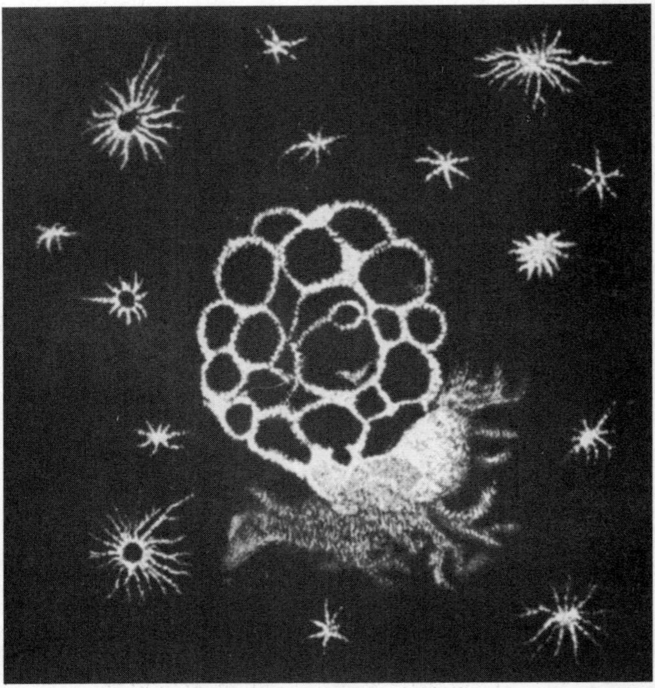

Elektrische Figuren.
Abgebildet in den Kommentaren der Göttinger Sozietät der Wissenschaften, 1778

tall-Walze elektromagnetisch aufgeladen. Auf sie projiziert man die zu kopierende Vorlage, wobei die hellen Anteile zur Entladung führen. Die nicht beleuchteten und folglich noch geladenen Stellen der Walze ziehen Kohlestaub an, der schließlich auf Papier abgerollt wird. Die Kohle wird durch Erhitzen fixiert, fertig ist die Kopie.
Als ob Lichtenberg so etwas zu ahnen scheint, schreibt er an seinen Freund Schernhagen: »Wenn meine Versuche erst unter andere Leute kommen, die mehr Geld, mehr Zeit und mehr Uebung haben, als ich, so wird manches entdeckt werden.« Er selbst kümmerte sich auch sogleich um eine Nutzbarmachung seiner Entdeckung, die dann schon beinahe in diese Richtung weist: »Unter anderm kan ich auch mit den Figuren schreiben«, berichtet er Schernhagen und verheißt ihm triumphierend wie ein Jahrmarktsschwindler, er werde ihm später mal seinen Namenszug schicken – »auf eine Art geschrieben, in welcher noch niemals eines Menschen Nahme geschrieben worden ist«.
Als Naturwissenschaftler muß er dann aber einräumen: »Es ist freilich gespielt, allein ein so schönes lehrreiches Spiel, daß ich mich dessen nie schämen werde.«
Übrigens, nebenbei bemerkte Lichtenberg bei diesen lehrreichen Spielen auch noch die unterschiedlichen, ja gegensätzlichen Ladungsarten und führte – im Rekurs auf Franklin – die mathematischen Zeichen »+« und »–« (»+E« und »–E«) zur Unterscheidung ein. Wenn Sie also demnächst mal wieder Batterien austauschen und dabei auf die richtige Lage der Pole achten müssen, denken Sie immer daran, wenn Lichtenberg nicht gewesen wäre, wüßten Sie jetzt gar nicht, wie Ihre Varta korrekt eingesetzt wird. Um das jetzt mal mit einem Beispiel zu veranschaulichen.

England 1770, im Frühjahr. Hofmeister Lichtenberg darf nun endlich nach England, um zwei seiner Zöglinge wohlbehalten zu Hause abzuliefern. Und zwar auf Einladung von Lord Boston, weil er sich in so vorbildlicher Weise um dessen Sohn gekümmert, also immer fein aufgepaßt hat, daß dieser nicht mehr Schulden als unbedingt nötig macht. Lichtenberg läßt sich auch nicht lange bitten, steigt mit in die Kutsche, und nach fünfzehn gefährlichen und beschwerlichen Reisetagen landet die kleine Gesellschaft wohlbehalten in London. Der Provinzler in der damals größten Stadt Europas. Ein Kulturschock erster Güte. Schon nach einer Woche Aufenthalt schreibt er an den Göttinger Altphilologen Heyne sichtlich beeindruckt: »Es ist unglaublich was die Menge von neuen Gegenständen die ich nicht so gleich in meinem Kopf unterzubringen wußte für eine Würckung auf mich gehabt hat. Ich vergaß immer über das lezte das erste völlig, und lebe noch jetzo würcklich in einer solchen Verwirrung daß ich mich, der ich sonst mit kleinen Stadtneuigkeiten Bogen anfüllen könte, in großer Verlegenheit befinde aus London und aus dem Wust von Dingen die ich sagen könte, so viel klar zu bekommen, als zu einem kleinen Brief nöthig ist.«

Und »würcklich« hatte er da schon ein straffes Sightseeing-Programm hinter sich: »Ich habe die See, etliche Kriegsschiffe von 74 Canonen, den König von Engelland in seiner gantzen Herrlichkeit mit der Crone auf dem Haupt im Parlaments Haus, Westmünsters Abtey mit den berühmten Gräbern, die Pauls Kirche, den Lord Mayor [Bürgermeister] in einem grosen Aufzug und unter dem Gedränge von vielen tausenden, die alle huzza, God bless him, Wilkes and liberty schrien gesehen, und zwar alles in einer Woche.«

Lichtenberg saugt die Eindrücke in sich auf, immer eingedenk der Maxime, »wenn man nicht lange hier bleiben kan, wie ich, so ist besser zu gucken, als zu schreiben«: besucht Kaffeehäuser, Theater, Akademien, Museen, wird sogar von König Georg III. auf dessen Sternwarte empfangen, wundert sich über die vielen Bettler auf den Straßen und nicht zuletzt über die nun gar zu verführerischen »Blumenmädchen«, die seine erotische Phantasie ganz ordentlich in Wallung gebracht haben dürften – und nicht nur die (die Phantasie meine ich). An Dieterich schreibt er mit roten Ohren: »Wer sich von dieser Seite nicht recht sicher weiß, für den weiß ich nur ein eintziges Mittel: Er gehe sogleich mit dem nächsten Paketboot nach Holland, da ist er sicher.« Nach knapp einem Monat sollte sich auch Lichtenberg schon wieder in Sicherheit bringen. Zwei kleine Lords wurden zum Studium nach Göttingen expediert, und er durfte die ehrenvolle Aufgabe des Reiseleiters übernehmen. Vorher hat er sich aber noch ein prächtiges Sträußchen gepflückt.

Zurück in Göttingen kreisten Lichtenbergs Gedanken weiterhin um die »glückliche Insul«; er hatte Blut geleckt, bereitete nur drei Jahre später die nächste »Studienreise« vor. Offiziell, um die wissenschaftlichen Beziehungen zu vertiefen und die dortigen Mechaniker, England war die damalige Nummer eins im Instrumentenbau, aufzusuchen. In Wirklichkeit aber, um auf den Spuren Popes zu wandeln, der da sehr richtig gesagt hatte, das wahre Studium des Menschen sei nun einmal der Mensch. Im September 1774 trifft er zum zweiten Mal in England ein, diesmal für länger. Geplant waren vier, Lichtenberg bleibt schließlich sechzehn Monate. Genug Zeit also, um zu gucken *und* zu schreiben. Er beobachtet das schnelle, laute, pulsierende Großstadtleben, den englischen Alltag, die Sprache, die Gewohnheiten der Menschen, betreibt physiognomische Studien in den übelsten Spelunken, geht aber auch in den Gelehrtenkreisen ein und aus, lernt den skurrilen Schweizer Deluc, einen Geologen, Meteorologen und Freund Rousseaus, kennen, trifft Priestley, den Entdecker des Sauerstoffs, die Teilnehmer der zweiten Cook-Expedition, und schließt mit den beiden Forsters enge Freundschaft. Er unternimmt Reisen zu den berühmten Badeorten Bath und Margate und überzeugt sich dort von der kurativen Wirkung des Meerbadens, fährt nach Birmingham, wo er eine Manufaktur besichtigt und fasziniert die Anfänge der Fließbandarbeit erlebt: »Jeder Arbeiter hat da nur ein gantz kleines Feld vor sich, daß er also gar nicht nöthig hat Stellung und Werckzeuge zu verändern, wodurch eine unglaubliche Menge Zeit gewonnen wird. Jeder Knopf … geht durch wenigstens zehn Hände«, schreibt er an Schernhagen nach Hannover. Da weilte Lichtenberg bereits auf dem königlichen Landsitz Kew, als Gast Georgs III. und seiner Familie. Ein solch intimer Umgang mit dem Königshaus schien den Neidern daheim nicht ganz geheuer, und so kursierte in Göttingen bald das Gerücht, Lichtenberg sei ein »natürlicher« Sohn Georgs II.

Das wahre Studium des Menschen ist der Mensch – und zwar in allen seinen Spielarten. Lichtenberg läßt es sich denn auch nicht nehmen, einer als Volksfest inszenierten Hinrichtung von fünf Dieben und Einbrechern in Tyburn beizuwohnen und das berühmte Irrenhaus Bedlam zu besichtigen. Diese Londoner Sehenswürdigkeit, in der die Patienten angekettet waren, mit Peitschenhieben und Kaltwasserbädern behandelt und wie Tiere in einem Zoo der Öffentlichkeit vorgeführt wurden, muß ihn doch einigermaßen bedrückt haben. Später erinnert er sich noch mehrmals an »das unbeschreibliche Wohlbehagen das meinen ersten freyen Odemzug begleitete, als ich im October 1775, nach einem kurzen Besuche in diesen Begräbnissen wieder in die freye Luft von Moorfields hervortrat«.

Einen noch größeren Eindruck hat allerdings das Theater hinterlassen. Zumal in Gestalt des genialen Schauspielers David Garrick, der die englische Bühne beherrscht – und reformiert, indem er die französisch-klassizistische, von sehr viel Affekt und übertriebenem Pomp gekennzeichnete Spielweise durch einen natürlicheren Vortragsstil ersetzt. Lichtenberg hat ihn achtmal auf der Bühne gesehen und dann sogar persönlich kennengelernt. In den *Briefen aus England*, die nach seiner Rückkehr in Boies *Deutschem Museum* erscheinen und in der lesenden Öffentlichkeit auf sehr viel Beifall stoßen, setzt er Garrick mehrfach ganz hübsch in Szene. So beispielsweise in der Beschreibung einer *Hamlet*-Aufführung (Garrick/Hamlet erscheint der Geist seines Vaters): »Auf einmal ... fährt Horatio zusammen: Sehen Sie, Mylord, dort kommts, sagt er, und deutet nach der Rechten, wo der Geist schon unbeweglich hingepflanzt steht, ehe man ihn einmal gewahr wird. Garrick, auf diese Worte, wirft sich plötzlich herum und stürzt in

David Garrick als Hamlet, der den Geist seines Vaters erblickt.
Schabkunstblatt von McArdell, 1754

demselben Augenblicke zwei bis drei Schritte mit zusammenbrechenden Knien zurück, sein Hut fällt auf die Erde, die beiden Arme, hauptsächlich der linke, sind fast ausgestreckt, die Hand so hoch als der Kopf, der rechte Arm ist mehr gebogen und die Hand niedriger, die Finger stehen aus einander, und der Mund offen, so bleibt er in einen großen aber anständigen Schritt, wie erstarrt, stehen, unterstützt von seinen Freunden, die mit der Erscheinung bekannter sind, und fürchteten, er würde niederfallen; in seiner Miene ist das Entsetzen so ausgedruckt, daß mich, noch ehe er zu sprechen anfing, ein wiederholtes Grausen anwandelte. Die fast fürchterliche Stille der Versammlung, die vor diesem Auftritt vorherging, und machte, daß man sich kaum sicher glaubte, trug vermutlich nicht wenig dazu bei. So spricht er endlich, nicht mit dem Anfange, sondern mit dem Ende eines Odemzugs und bebender Stimme: *Angels and ministers of grace defend us!* Worte, die alles vollenden, was dieser Szene noch fehlen könnte, sie zu einer der größten und schrecklichsten zu machen, deren vielleicht der Schauplatz fähig ist.«

Im Dezember 1775 macht sich Lichtenberg dann wieder auf die Heimreise, »zween grose Coffer voll Zeug, Kupferstiche, Bücher und Lumpen, englische und deutsche« im Gepäck, darunter auch die Hogarthschen Kupferstiche, die er später in seinem *Göttinger Taschen Calender* erläutern und noch später dann ausführlich erklären sollte (↑Hogarth). Und im Kopf einen dichtbesetzten Fundus Weltwissen, einen ungeheuren Erlebnisvorrat, von dem er nun sein ganzes Leben lang zehren muß. Denn hernach hat er das kleine Ackerbürgerstädtchen Göttingen nur noch einmal – für eine sechzehntägige Hamburg-Reise – verlassen.

»Ich bin eigentlich nach England gegangen um deutsch schreiben zu lernen«, hat er sich um diese Zeit ins Sudelbuch notiert. Denn nur die »Schule, in welche Shakespeare ging«, London also, könne den »Erfahrungssätzen in einem Jahre leicht eine Richtigkeit geben ..., wozu kaum in einem Städtchen, wo alles einerlei hofft und fürchtet, einerlei bewundert und einerlei erzählt, und wo sich alles reimt, ein ganzes Leben hinreichend wäre«. Göttingen also.

Epistel an Tobias Göbhard Lichtenbergs Freund und Verleger Dieterich rief um Hilfe, und Lichtenberg half, wie es sich unter guten Freunden gehört. Folgendes hatte sich ereignet. Der Bamberger Buchhändler Tobias Göbhard hatte eine Schrift aus Dieterichs Verlag nachgedruckt – in diesen gesetzlosen Zeiten durchaus nichts Ungewöhnliches – und auf dessen öffentliche Beschwerde hin auch noch die Chuzpe besessen, seinen Diebstahl in einer Polemik zu rechtfertigen. Die wirft Dieterich Gewinnsucht vor und moniert seine angeblich übertrieben hohen Buchpreise. Lichtenberg nahm nun für seinen Verleger den Fehdehandschuh auf und stopfte damit Göbhard das vorlaute Schandmaul. Ein Freundschaftsdienst, wie gesagt. Lichtenbergs *Epistel an Tobias Göbhard* geht dann aber einmal mehr über den eigentlichen ephemeren Anlaß hinaus und formuliert eine prinzipielle Ächtung des Nachdrucks. Das zeigt schon die »Vorerinnerung« des fingierten Herausgebers Friedrich Eckard, in der er betont, die *Epistel* nur deshalb veröffentlicht zu haben, damit sie auch wirklich alle »Göbharde« erreiche.
Nach einer scharfen, aber etwas umständlichen Auseinandersetzung mit den verschiedenen Vorwürfen und Ausreden Göbhards entlarvt Lichtenberg schließlich den grundsätzlichen Denkfehler: die »an Wahnwitz grenzende Dummheit …, womit du es dir zum Verdienst anrechnest, daß du nachgedruckte Bücher wohlfeiler geben kannst, als der Verleger«. Als »Schleichdrucker« habe er ja nun auch nicht für die Honorierung seiner Autoren zu sorgen. Mit anderen Worten: »ist es denn so etwas Ungewöhnliches, daß die Schuster, die das Leder stehlen, die Schuhe wohlfeiler geben können?«. Nein, ist es nicht. Stehlen kann man aber nun mal nur fremden Besitz. Lichtenberg reklamiert also bereits so etwas wie geistiges Eigentum. Recht fortschrittlich gedacht für damalige Verhältnisse.

Es erschien noch eine weitere – anonyme – Verteidigung Göbhards, die Lichtenberg nun von seinem fiktiven Herausgeber *(Friedrich Eckard an den Verfasser der Bemerkungen zu seiner Epistel an Tobias Göbhard)* erledigen ließ. Dann war Ruhe. Aber fast hätte es doch noch eine dritte Epistel gegeben, wie er Schernhagen schreibt: »In Gotha hatte eine Geselschafft von Freunden verabredet wider Eckhard zu schreiben blos um einen dritten Brief von mir heraus zu locken. Ich habe es aber bey Zeiten erfahren und die Herrn zersprengt.« Lichtenbergs Polemiken waren anscheinend überaus beliebt bei den Zeitgenossen.

Experimental-Politik Wie so viele deutsche Intellektuelle war Lichtenberg von der Französischen Revolution baß enttäuscht. Und zwar von dem Zeitpunkt an, als diese sich die krude Henkersmaske überstreifte – und der »rote Terror« die Pariser Bevölkerung ausdünnte. »Mein Gott! wie *blut blutroth* das Jahr 1793 am Horizont heraufblickt. Wir wollen beherzt hinein sehen und lernen«, schrieb Lichtenberg Ende Dezember 1792 an den Berliner Radikalaufklärer Friedrich Nicolai. Und er zog seine Lehre daraus, wollte mit solcherart »Experimental-Politik« plötzlich nichts mehr zu tun haben, erklärte folglich das Projekt »Republik« für gescheitert: »... man lasse einmal die Volks-Regierungen überall eintreten: so werden vermutlich andere Umstände folgen, die die Vernunft eben so wenig billigen kann, als die jetzigen. Denn daß das republikanische System ganz frei von allem Unheil sein sollte, ist ein Traum, eine bloße Idee. Was wird es werden, wenn es überhaupt ausgeführt würde? – Ich glaube, ohne deswegen richten zu wollen, man wird ewig und ewig durch Revolutionen von einem System in das andere *stürzen.*« Unterm Strich also das absolute Chaos, wovon die 1792/93er Ereignisse nur ein erster Vorgeschmack zu sein schienen. Deshalb seine reichlich desillusionierte Konklusion: »Die eingeschränkte Monarchie scheint am Ende die Asymptote zu sein.«
Kein Wunder also, daß er in einem Brief an Johann Wilhelm von Archenholtz (vom 16. Juni 1794) schon wieder

den treu ergebenen Untertan herauskehrt: »Ich habe überdas das, wie ich glaube, in Deutschland seltne Glück unter einer Regierung zu leben, der ich die größte Verehrung schuldig bin. Ich verlange schlechterdings in politischer Rücksicht nicht anders zu leben, als ich jezt lebe und es kümmert mich wenig, wieviel von dieser glücklichen Lage auf Rechnung der Regierung, oder meine eigene zu stehen kömmt. Denn man muß nicht immer verlangen, daß jene alles thun soll, ohne erst auch von seiner Seite alles gethan zu haben.«

Das französische Volk hingegen, das einst seiner Anerkennung sicher sein konnte, weil es sich billigerweise der Tyrannei entledigt und der aufgeklärten Freiheit zum Sieg verholfen hatte, das sich nun aber anschickte, auch auf rechtsrheinischem Gebiet den »Galgen Freiheitsbaum« zu errichten, bekommt seine ganze Enttäuschung zu spüren: Als »Hunnen des achtzehnten Jahrhunderts« oder als »West-Hunnen« bezeichnet er die Neu-Franken, als »Räubernation«, »Räubergesindel«, »Spitzbubenrotte, welcher nichts in der Welt mehr heilig ist«, und schließlich – wo vor Empörung die Worte fehlen, kommt auch die Bibel wieder zu ihrem Recht – wird sogar der »Antichrist« als denunziatorische Metapher revitalisiert.

Aber wohlgemerkt, diese Äußerungen stehen allesamt für Lichtenbergs Ablehnung in der zweiten radikalen Phase des Aufstands. Und die Revolutionsapologeten unseres Jahrhunderts, zumeist philosophische Stubenhocker wie Lichtenberg, die jetzt vielleicht ihre Stimme zu einer flammenden Anklage-Rede erheben wollen, mögen schweigen: Als Zeitgenossen, das heißt konfrontiert mit der sehr realen Gewalt und Verheerung, hätten sie (hätte man!) sich vermutlich nicht anders verhalten. Denn natürlich mußten die Schreckensnachrichten, die täglich aus dem fernen Paris einliefen, den Eindruck erwecken, hier sei eine Lawine losgetreten worden. Eine Lawine, die alles, was sich ihr in den Weg stellte, mit in den Abgrund zöge. Zudem bleibt es ja nicht bei den papiernen Nachrichten, die der Hartgesottene immer noch ignorieren konnte. Wenigstens in den rheinnahen Gebieten hatte man sich live und in Farbe mit General Custine und dessen Revolutionstruppen herumzuschlagen. Revolution zum Anfassen gleichsam, die natürlich auch hier nicht ohne gewalttätige Übergriffe auskam. Den *Intellektuellen* möchte ich sehen, der jenem weiterhin ein fröhliches »Vivat« entbietet, dessen Waffengeknalle gerade seine philosophische Ruhe stört.

Als die französische »Experimental-Politik« noch mehr oder weniger ein Gedanken-Experiment war (zumindest in Deutschland), stand Lichtenberg ihr weitaus wohlwollender gegenüber: »Darf ein Volk seine Staats-Verfassung ändern wenn es will? Über diese Frage ist sehr viel Gutes und Schlechtes gesagt worden. Ich glaube die beste Antwort darauf ist: Wer will es ihm wehren, wenn es entschlossen ist? Allgemein gewordenen Grundsätzen gemäß handeln ist natürlich, der Versuch kann falsch ausfallen, allein es ist nun einmal zum Versuch gekommen.«

Und er sieht in dieser Umwälzung offenbar nicht nur einen willkürlichen »Versuch«, sondern einen quasi naturgesetzlichen Vorgang, dessen Notwendigkeit sich gerade in der eruptiven Gewalttätigkeit zeigt. So wischt er den Vorwurf, viele der Gewalttaten seien überflüssig und insofern auch vermeidbar gewesen, mit den Worten beiseite: »Als wenn je die Natur die Ausführung ihrer Plane der Metaphysik abtretten würde ... Ich sollte denken, wenn trotz aller Reparaturen und alles Stützens, das Gebäude doch endlich einstürzt, so lag die bessere Einrichtung des Ganzen nicht in dem Reparatur-Plan.« Mit anderen Worten, das System war so verrottet, daß es ohnehin zerschlagen werden mußte.

Und Lichtenberg scheint die dafür nötige Gewaltanwendung nun auch nicht gerade zu mißbilligen; er rechnet sie auf gegen den Nutzen einer solchen radikalen Lösung: »Glaubt etwa jemand, daß sich alte Mißbräuche auf der Welt so leicht wegwischen lassen? Die französische Revolution wird manches Gute zurücklassen das ohne sie nicht in die Welt gekommen wäre, es sei auch was es wolle. Die

Bastille ist weg, und das infame Insekt«, die monarchische Despotie, »ist dadurch dadurch etwas zusammengeschwefelt worden.« Das klingt doch ganz forsch, und allemal nach einem anderen Lichtenberg als dem konservativen Duckmäuser der späteren Jahre. Und daß uns dieser hier sympathischer dünkt – wer wollte etwas dagegen einwenden?

F

Farbenlehre »Was Ew. Wohlgeb. über das Weiß in Ihrem Briefe äußern, scheint mir der Lehre gemäß zu sein, welche das Weiß aus vereinigten Farben entstehen läßt. Ich behalte mir vor, meine Vorstellungsart hierüber vorzulegen und Ihrer Prüfung zu unterwerfen«, schreibt der Geheime Rat und Hobby-Forscher Goethe mit tiefer Verbeugung vor dem professionellen Physikus Lichtenberg. Darum eben geht es Goethe. Um die »Streitfrage«, ob »die weiße und alle graue Farben zwischen Weiß und Schwarz ... aus Farben zusammengesetzt werden« können, wie Newton mit seiner Spektralanalyse des Lichts herausgefunden hatte. Oder nicht, wie Goethe beweisen will, und das mit nachgerade theologischem Eifer. In seinem *Versuch die Elemente der Farbenlehre zu entdecken* dezidiert er: »Ich artikuliere also hier wiederholt, daß die Newtonische Proposition falsch und kaptiös gestellt, auch von ihm keineswegs durch Experimente erwiesen worden.«
Von Lichtenberg, dem er auch diesen Aufsatz schickte wie schon andere zuvor, erhoffte er sich fachlichen Rat, vor allem aber Beistand; seine Autorität sollte offenbar mithelfen, dem Goetheschen Glauben zum Sieg zu verhelfen. Nun war Lichtenberg keineswegs willens, sich vor den Karren spannen zu lassen, zumal er an der Newtonschen Hypothese vom Lichte, mangels einer besseren, vorerst

festhielt. In einem Brief an den Göttinger Arzt Christoph Girtanner räumt er zwar ein, »daß wir über die eigentliche Natur des Lichts wenig wissen«, hält aber weiterhin, »wenn man einmal über seine Natur eine Sprache sprechen will, wäre es auch die Bildersprache, … die Newtonische für die beste«. Das schrieb er Goethe nun nicht, er wollte ihn ja nicht brüskieren, aber zu einer Antwort, wohl gar einer positiven, ließ er sich denn auch nicht herab. Und das, obwohl Goethe doch so sehr danach verlangte: »von wem ließ sich wohl mehr Beyhülfe, Aufmunterung und Berichtigung erwarten, so bald sie den Gegenstand für wichtig genug halten ihm einiges Nachdenken zu widmen, und den Forscher so werth, um ihm ihre Gedanken mitzutheilen«.

Auch wenn Lichtenberg nach erster flüchtiger Lektüre dem Goetheschen *Versuch* attestiert: »Der gute Kopf leuchtet überall hervor.« So erachtete er den Forscher doch nicht für »so werth«, mit ihm einen langwierigen Disput einzugehen, der bei einem Gläubigen noch dazu wenig ersprießlich zu werden versprach, wie Lichtenberg nur zu gut wußte. Und schon gar nicht überzeugten ihn die Goetheschen Beweisgründe so sehr, daß er dafür sein eigenes optisches Weltbild verraten hätte. Es blieb beim unausgesprochenen Dissens. Goethe nahm ihm das übel; im dritten Teil seiner *Farbenlehre*, der *Konfession*, schreibt er, eingeschnappt über Lichtenbergs Zurückhaltung: »Eine zeitlang antwortete er mir; als ich aber zuletzt dringender ward und das ekelhafte Newtonsche Weiß mit Gewalt verfolgte, brach er ab über diese Dinge zu schreiben und zu antworten; ja, er hatte nicht einmal die Freundlichkeit, ungeachtet eines so guten Verhältnisses, meiner Beiträge in der letzten Ausgabe seines Erxlebens zu erwähnen.«

Vielleicht sollte man am Ende dieses Artikels noch sagen, um auch hier der Gerechtigkeit Genüge zu tun, daß in gewisser Weise beide recht haben (bzw. alle drei). In physikalischer Hinsicht natürlich Newton, auf einer höheren, theologischen oder philosophischen Ebene Goethe, der nicht bereit war, den Bereich des Anschaulichen zu verlassen, das forschende Subjekt vom zu erforschenden Objekt abzukoppeln, was heute wissenschaftstheoretisch wieder einigermaßen aktuell ist. Und generell natürlich auch Lichtenberg, wenn er einem Streit aus dem Weg geht, der nicht zu lösen ist, weil die Kontrahenten sich in unterschiedlichen Argumentklassen bewegen.

Forster, Georg Das schöne und wahrhaft schmückende Epitheton »Vaterlandsverräter« haftete ihm schon zu Lebzeiten an, und der *Große Brockhaus* kolportierte es das ganze 19. Jahrhundert hindurch – »ächte« Patrioten sind nun mal nachtragend. Es ist ganz aufschlußreich, und keineswegs obsolet, was Forster selbst zum Thema Vaterlandsliebe zu sagen hat. Gleich nachdem er in den Mainzer Jakobiner-Klub eingetreten ist und – keine zwei Wochen später – als Vizepräsident der provisorischen Administration die erste Republik auf deutschem Boden zu organisieren beginnt, klopft ihm sein Verleger Voß (nicht zu verwechseln mit dem revolutionsbegeisterten Homer-Übersetzer und Idyllendichter) erst mal auf die naßforschen Demokratenfinger. Er hoffe doch sehr, daß Forster »ein guter Preuße« bleibe: »weil ich sonst offenbar in Gefahr käme, durch die so angenehme Geschäftsverbindung mit Ihnen Verdruß zu erfahren«.
Von der unausgesprochenen Drohung, in diesem Fall die so angenehme Geschäftsverbindung abbrechen zu müssen, läßt der sich nun aber keinesfalls beeindrucken. Im Gegenteil, mit mühsam unterdrücktem Zorn weist Forster solche Impertinenz zurück: »Wenn ich den Wunsch, daß ich ein Preuße bleiben soll recht verstehe, so ist er eine Zumuthung, die mit meinen Grundsätzen und meiner in so vielen Schriften (freilich des Despotismus wegen behutsam) geäußerten Freiheitsliebe ganz unverträglich ist. … Ich habe als Gelehrter in England gelebt, eine Reise um die Welt gethan, hernach in Caßel, in Wilna und zuletzt in Mainz meine geringen Kenntniße mitzutheilen gesucht. … Ubi bene, ibi patria, muß der Wahlspruch des Gelehr-

ten bleiben; er bleibt es auch des freien Mannes, der in Ländern, die keine freie Verfaßung haben, einstweilen isolirt leben muß. Heißt: ›ein guter Preuße seyn‹, wenn man in Mainz unter fränkischer Herrschaft steht, soviel als, *allen* Preußen gutes, einen baldigen Frieden, eine Erholung von allen Uebeln des Krieges wünschen, so bin ich ein guter Preuße, wie ich ein guter Türke, Ruße, Chineser, Marokkaner, pp bin. Heißt es aber, daß ich in Mainz meine allgemein bekannten Grundsätze verläugnen, mich nicht freuen soll, daß es eine freie Verfaßung erhält; ... heißt also: ein guter Preuße seyn, Grundsätze annehmen, die nie die meinigen waren, und nicht das Wohl der Einwohner Preußens, sondern das Intereße des preußischen Hofes, des Kabinets, der Geisterseher und allenfalls des Königs, – hier in Mainz im Auge behalten, so verlangt man etwas, wofür ich verdiente, an den nächsten Laternenpfahl geknüpft zu werden.« Voß hat nicht wieder davon angefangen.

Mit einem solchen Furor verteidigt sich nur der Gläubige. Und das war Forster zeit seines Lebens. Sein Mainzer Freund und Kollege, der Polyhistor Johannes von Müller, meint nicht ganz zu Unrecht: »Forster ist ein geborner Enthusiaste, der immer nur Eins, Eine Seite sieht. Vor 10 Jahren kannte ich ihn strengfromm ..., jetzt spottet er der Bibel.«

In der Tat, nach jener tollkühnen, selbstverständlich gleich mitstenographierten *Reise um die Welt in den Jahren 1772 bis 1775* unter Cook (↑Otaheite), die ihn und seinen dickköpfigen, stets unzufriedenen und zänkischen Vater Reinhold Forster zu europäischer Berühmtheit, wenn auch nicht so bald zu einem behaglichen Auskommen verhalf, ergab er sich zunächst ganz in pietistischer Frömmelei. In Kassel, vom Landgraf Friedrich II. als Naturgeschichtslehrer approbiert (ja, von jenem Fritzen, der seine Untertanen an die Engländer als Kanonenfutter für den amerikanischen Unabhängigkeitskrieg verkaufte), pflegte er engen Kontakt mit Jacobi, Verfasser von romanesken Gefühlsduseleien à la *Woldemar*, und näßte manches Taschentuch bei der Lektüre des *Werther*. Bald darauf schließt er sich den Rosenkreuzern an, wird Mitglied der Loge »Zum gekrönten Löwen«, versucht in guter alter Kohlemördertradition Gold zu machen und endlich zu klären, wer oder was das Universum im Innersten zusammenhält.

Dann aber schließlich doch noch der Durchbruch der Vernunft: Er erkennt die ganze Freimaurerei als groß angelegten Schwindel, läutert sich zum Sensualisten und empirischen Skeptiker. Die brillanten, stilistisch ausgefeilten *Ansichten vom Niederrhein*, seine geschlossenste literarische Leistung, spiegeln diese Konversion bereits im doppeldeutigen Titel: Richtige Ansichten gewinnt man nur durch An-Sichten – Beobachtungen, Empirie. Folglich finden die metaphysischen Schwärmereien des ausgehenden 18. Jahrhunderts nunmehr ebensowenig seine Gnade wie jene weltfernen Deduktionen der idealistischen Philosophen (etwa Kants, den er wegen seines Räsonnements über die »Menschenrassen« scharf angreift), die den Fehler begehen, »die Natur nach ihren logischen Distinktionen modeln zu wollen«. Die pragmatische, »tätige Wissenschaft«, die sich der Verbesserung von Mensch und Gesellschaft verschrieben hat, rückt als heilbringende Instanz an die Stelle von Religion und Loge. Und sie verheißt Forster, dereinst »einer höheren gesellschaftlichen Glückseligkeit, als die Welt noch kannte, teilhaftig zu werden«.

Als dann General Custines Revolutionstruppen Mainz im Handstreich nahmen, jene höhere gesellschaftliche Glückseligkeit also in greifbarer Nähe war – da zögerte Forster vorerst: »Ich habe mit mehreren gutgesinnten Männern bisher von allem mich zurückgehalten; allein diese Neutralität ist mißlich, die Krisis naht heran und man wird Partei ergreifen müßen.«

Forster ergreift Partei. Und zwar mit demselben Rigorismus, mit dem er auch seinen anderen Religionen anhing. Der philanthropische, stets für Toleranz und Humanität einstehende Aufklärer rechtfertigt nun selbst die Gewalttätigkeit des Aufstands. Lessings Diktum, was Blut koste, sei gewiß kein Blut wert, kontert er mit der Überlegung, daß für Meinungen von jeher Blut vergossen worden sei und daß man ohne solche gewaltsamen Mittel vermutlich noch in den Wäldern Eicheln fräße. Wer den Zweck will, muß auch die Mittel wollen. Punktum. Sogar die Säuberungsaktionen Robespierres goutiert er zunächst: »Es wird vieler Menschen Leben kosten – freilich haben sie es sich selbst zuzuschreiben; für den Krebs ist nur das Messer.«

Aber Forster sitzt fest in Paris. Die Koalitionstruppen haben Mainz zurückerobert und ein Kopfgeld (hundert Dukaten!) auf ihn ausgesetzt. Angesichts der zunehmenden Radikalisierung der Revolution 1793 kommen ihm nun doch ernste Zweifel, ob der Zweck wirklich *diese* Mittel heilige: »O seit ich weiß, daß keine Tugend in der Revolution ist, ekelt es mich an. Ich konnte, fern von allen idealischen Träumereien, mit unvollkommenen Menschen zum Ziel gehen …; aber mit Teufeln, mit herzlosen Teufeln, wie sie hier sind?« Doch am republikanischen Glaubensbekenntnis hält er fest. Wenige Tage vor seinem Tod wirft er sich noch einmal in die schon arg geschwächte Revoluzzerbrust: »Wir haben überall ganz löwenmäßig gesiegt.« Inhumanität für die humanitäre Sache – diese Aporie läßt sich nicht auflösen. Auch spätere Jahrhunderte haben dies nicht vermocht.

In dieser Zeit war Lichtenberg dem einstigen »liebsten Freund«, den er 1775 in London kennen-, aber erst bei einem späteren Besuch Forsters in Göttingen so richtig schätzengelernt hatte, schon nicht mehr sehr nah. Dessen offenen Revolutionsenthusiasmus konnte und wollte er nicht teilen: einmal, weil er wirklich anderer Meinung war in der Frage, wieviel Emanzipation man dem Pöbel zutrauen könne (die konstitutionelle Monarchie hielt er denn doch immer noch für die beste Staatsform bzw. für das geringste Übel); zum anderen aber auch, weil er in politischen Dingen stets etwas überängstlich reagierte. Forsters politisches Draufgängertum war ihm ganz und gar nicht geheuer, und tatsächlich hätte er wohl auch seine gesicherte Stellung als Ordinarius aufs Spiel gesetzt, wenn er ebenfalls von der »Freiheitsinfluenza« angesteckt worden wäre. Aber Lichtenbergs Vorsicht grenzt doch bisweilen an Hysterie. Daß er in vorauseilendem Gehorsam seinem just verstorbenen Freund, der in den 80er Jahren trotz gelegentlicher Spannungen doch zu seinen engsten gehörte, nicht einmal die letzte Ehrenpflicht erfüllte – und den recht ordentlich verständnisheischenden Nachruf verweigerte, ist ein unschönes Beispiel dafür. An Johann Wilhelm von Archenholtz, den Herausgeber der Zeitschrift *Minerva,* der solches begehrte, schreibt er, sich windend und gar schändlich herausredend: »Sie sind nicht der erste, Verehrungswürdiger Mann, der mich aufgemuntert hat unserem guten Georg Forster ein kleines Ehrendenckmal zu errichten. Allein ich kan es unmöglich, und ich habe es würcklich schon einmal förmlich abgelehnt. In der That habe ich den vortrefflichen Mann in den lezten Zeiten gantz aus dem Gesicht verlohren. Selbst seine literarischen Bemühungen blieben mir unbekannt, und seinen politischen konte ich meinen Beyfall nicht geben. Forster war ein großer obgleich noch sehr *junger* Mann. Daß er beydes war, hat er leider! in den lezten Zeiten bewiesen. *Anwendung* freylich sehr durchgedachter Principien war nicht seine Sache. Es gieng ihm wie manchen großen Calculatoren, sie wissen die beste Form der Gewölbe nach Gesetzen der Schwere zu bestimmen ... und sind nicht im Stand eine sichere Brücke über eine Gosse zu bauen.« Augenscheinlich blies den Göttinger Professoren ein ziemlich scharfer Wind aus Hannover ins verwöhnte Angesicht. Als sich der reaktionäre Rummel im Königreich wieder etwas gelegt hatte, läßt Lichtenberg etwas andere Töne vernehmen (in einem Brief an Samuel Thomas Soemmering, dem befreundeten Anatom, der mit Forster ebenfalls sehr gut bekannt war): »Ich kan wahrlich nicht ohne Wehmuth an den Mann zurückdencken, so offt dieses auch geschieht ... O wie gerne, wie gerne hätte ich ihm ein Paar Bogen gewidmet, wäre ich noch das Kinderlose und wegen der Zukunfft unbekümmerte frey denckende und frey schreibende Wesen, das ich ehmals war. Jezt muß es beym frey *dencken* sein Bewenden haben. Sapienti sat.« Windelweich auch dieser Brief. Aber es läßt sich doch wenigstens das schlechte Gewissen erahnen, das sich hier hinter Familienrücksichten versteckt.

G

Glaube Ein Ek- und Dialektiker von Lichtenbergs Graden hat naturgemäß auch ein komplexes, ja widersprüchliches Verhältnis zur Religion, und bei einem Selbstdenker wie ihm darf man wohl auch ein klein wenig Originalität erwarten. Aber was hat er denn nun geglaubt? Als Erkenntniskritiker (und Kant-Leser) reduziert Lichtenberg Religiosität zunächst auf das rational Verantwortbare. Er plädiert mithin für einen Agnostizismus, der sich jeglicher Aussage über Existenz und Wesen Gottes enthält und diesen nur als »große Qualitas occulta«, als semantische Leerstelle anerkennt. Einem solchen Agnostizismus widersetzt sich aber Lichtenbergs prä-philosophisches gläubiges Sentiment. Das nämlich »fühlt« die Existenz eines gütigen Weltschöpfers und -beschützers: »Überhaupt erkennt unser Herz einen Gott, und dieses nun der Vernunft faßlich zu machen ist freilich schwer, wo nicht gar unmöglich.«

In diesem Spannungsfeld bewegen sich Lichtenbergs Reflexionen zur Religion. Und seiner Ansicht nach zeigt die aufgeklärte Vernunft gerade dadurch ihre Aufgeklärtheit, daß sie das metaphysische Bedürfnis des Menschen – für Lichtenberg ein »Instinkt«, so natürlich »wie das Gehen auf 2 Beinen« – nicht wegzuräsonieren versucht.

Der Religionswissenschaftler Albrecht Beutel, der das Standardwerk zum Thema veröffentlicht hat (↑Quellen- und Literaturverzeichnis), will nun aber aus Lichtenberg einen Frömmler machen. Er spielt den empfindsamen

Gläubigen gegen den profanen Rationalisten und Häretiker aus. Lichtenberg habe an das Primat des Gefühls geglaubt, an eine »anthropologische Superiorität des Herzens über die Vernunft«. Aber damit nicht genug. Die »Annahme einer wohlgeordneten Erschaffung und Leitung der Welt« sei für ihn das »schlechterdings unverzichtbare Prinzip menschlichen Denkens«, »ein Gebot der Vernunft«. Schön und gut. Nur läßt er dabei Lichtenbergs fundamentale ↑Religionskritik, die eben nicht nur vermeintliche Deformationen wie das Judentum oder den Katholizismus entlarvt, sondern aufs Ganze geht, völlig außer acht.

Auch gegen Beutels Ansicht, Lichtenbergs Gottesgedanke unterscheide sich deutlich von pantheistischen bzw. spinozistischen Vorstellungen, wird man Einwände haben dürfen. In einigen Äußerungen nämlich bekennt er sich explizit zur Lehre Spinozas: »Wenn die Welt noch eine unzählbare Zahl von Jahren steht, so wird die Universalreligion geläuterter Spinozismus sein. Sich selbst überlassene Vernunft führt auf nichts andres hinaus, und es ist unmöglich, daß sie auf etwas andres hinausführe.« Beutel, der diese Bekenntnisse natürlich auch zitiert, glaubt freilich, sie entkräften zu können, indem er sie als Lichtenbergs Bestimmungen eines »idealischen Fluchtpunkt[s] in der Geschichte der Religion« liest und nicht etwa als eine »geschichtlich verfügbare, realistische Option«.

Der Sinn der Lichtenbergschen Prophezeiung ist aber doch wohl ein anderer. Er meint die Etablierung des Spinozismus als »Universalreligion«, das heißt als einen überall, auch vom gemeinen Volk angenommenen und verstandenen Glauben. Damit schien er in der Tat so bald nicht zu rechnen. Seiner Ansicht nach muß Religion »notwendig etwas vom hout goût des Aberglaubens haben«, wenn sie »der Menge schmecken soll«. Aber der Philosoph ist nun einmal nicht die Menge. Daß jener aus der Beobachtung der Natur und ihrer Gesetzmäßigkeiten Trost und religiöse Zuversicht schöpfen kann, weiß Lichtenberg aus eigener Erfahrung. Und was ist das anderes als »geläuterter Spinozismus«, wenn er über sein Alter ego Amintor schreibt *(Amintors Morgenandacht)*: »Eines Tages als er sich nach einer seiner Morgenandachten selbst befragte, woher ihm dieses freudige Ergehen in die Führung der Welt, und dieses große Sicherheitsgefühl bei jedem Gedanken an die Zukunft komme ...: so war es ihm entzückende Freude zu finden, daß er es allein dem Grad von Erkenntnis der Natur zu danken habe, den er sich erworben hatte.«

Damit ist das Modell einer dialektischen Religionsvorstellung Lichtenbergs nicht widerlegt. Prinzipiell hat er wohl in einem solchen Gegensatz gedacht. Allein, mitunter schießen die Gedankenblitze dieses Synkretisten eben noch über den so vermessenen Himmelsquadranten hinaus. Je nach Stimmung und vorhergehender Lektüre können Lichtenbergs Anmerkungen zur Metaphysik traditionell christliche, deistische, pantheistische bzw. spinozistische, kantianische, gnostische – und durchaus auch atheistische Züge annehmen. Zwar lehnt er die Mode der »Atheisterei« ab, aber das heißt ja noch nicht, daß er den Atheismus per se für verwerflich hält. Auch hier wird man Lichtenbergs Unterscheidung von Pöbel und Gelehrten in Anschlag bringen müssen. Er konstatiert zwar, »unter dem Volk gibt es keine redliche[n] Atheisten«, aber dem Gelehrten stellt er es denn doch frei, an eine personifizierte Gottheit zu glauben oder eben nicht. Der wird ohnehin »durch andere Dinge im Zaum gehalten«.

Diese Konzilianz in rebus religionis paßt nun ganz gut zu seinem konfessionellen Pragmatismus. Es ist ihm im Grunde einerlei, zu welcher Religion sich jemand bekennt – von gewissen Idiosynkrasien mal abgesehen –, wenn sie ihn nur zu einem vernünftigen, tugendhaften Verhalten anhält. All das korrespondiert aber auch mit der Diskretion, um die sich Lichtenberg gerade in Fragen der Religion bemüht. Glaube ist ihm nur mehr Privatsache. Die »Vertrauens-Geheimnisse zwischen Gott und der Seele« gehen keinen etwas an.

Göttinger Hainbund Als Lichtenberg den 1775er *Musenalmanach,* das Hausorgan des Hainbunds, jenes lokalen Dichterklüngels um den dicken Heinrich Christian Boie, zu Gesicht bekommt, kann er nur abwinken – und an Baldinger schreiben: »Was dencken Sie von dem Musen Almanach? Meines Erachtens ist das meiste förmlich abscheulig, zumal das Klopstockische und das darnach geschnittene der andern. Haben Sie wohl ein eintziges neues Bild darin gefunden, das ist das ewige rauschen im Hayn, das Silbergewölck und die Eiche, die wir schon hunderttausendmal gehabt haben.«
Ein rituelles Klappern mit den immer gleichen Metaphern und Phrasen, das kommt also dabei heraus, wenn sich der zweidrittelgebildete Bursche, der sich und die Welt noch nicht recht kennt, zum Barden aufschwingt. Dilettantismus. Als Lichtenberg die poetischen Früchte dieser Dichtervereinigung ernten konnte, und die meisten doch für reichlich ungenießbar, wo nicht faul befand, gab es den Bund schon beinahe gar nicht mehr. Fast alle Mitglieder verließen im Laufe des Jahres 1774 Göttingen, um ihren verschiedenen Brotberufen nachzugehen.
Zwei Jahre nur hält das Jungdichter-Bündnis. Im September 1772 schwören sich Johann Heinrich Voß, Johann Friedrich Hahn, Ludwig Heinrich Christoph Hölty, der einzige, den Lichtenberg als »wahres Dichter Genie« anerkennt, der tränenreiche Johann Martin Miller und andere »feine junge Köpfe« (Boie) in einem Eichengrund nahe der Stadt ewige Treue und Freundschaft – so recht idealisch und weltfern, wie sie es aus Klopstocks Oden, dem *Wingolf* zumal, gelernt haben. Sie nehmen sogleich auch ihren ehemaligen Präzeptor Boie auf, und noch im selben Jahr stoßen die Grafen-Brüder Friedrich Leopold und Christian Stolberg hinzu. Man hält streng ritualisierte Bundessitzungen ab, in denen eigene Gedichte vorgelesen und kritisiert werden, legt ein Bundesbuch an, protokolliert die einzelnen Sitzungen und gibt sich, Klopstocks *Hermanns-Schlacht*-Drama tüchtig ausweidend, germanische Bardennamen. Literarische Vereinsmeierei der eher

einfältigen Art, die auf die Mitglieder aber anfangs durchaus stimulierend gewirkt hat. In einem wahren Schaffensrausch schleudern sie im Winter 1772/73 mittelmäßige Oden, Volkslieder, Romanzen und Balladen im Dutzend heraus und füllen damit ein eigens *Für Klopstock* angelegtes Buch. Seinen Höhepunkt erlebt der Bund im April 1773, als die Brüder Stolberg ihrem Hausheiligen die handschriftliche Gedichtsammlung überreichen. Danach ist der Schwung raus, die Stolbergs verlassen Göttingen, und schon am Ende des Jahres beklagt Hölty, der Hainbund gehe »so seinen Schneckengang fort, und scheint lange nicht mehr so viel Enthusiasmus zu haben wie sonst«.

Jetzt aber fängt die Gerüchteküche an zu brodeln. Einige glauben: »daß hier eine Dichtergesellschaft von mehr als 400 Personen sey, sie tränken keinen Wein, aber gewaltig Bier. Sie versammelten sich von Zeit zu Zeit auf dem Ochsenberge, wo sie ihr Wesen hätten.« Die Frau des Philologen und Göttinger Bibliothekars Heyne kolportiert sogar die Fama, »daß die Barden sich in Kerstlingerode versammeln, in den Wäldern herumlaufen, Eicheln fressen, sich nackend ausziehen und mit den Fellen verreckter Ziegen behängen«.

Die Gerüchte werden Lichtenberg sicher zu Ohren gekommen und allemal der spöttischen Rede wert gewesen sein (die er nicht zuletzt auch über die Klatschbasen selbst geführt haben dürfte). Wirklich und nachdrücklich geärgert hat er sich allerdings über das »rasende Oden-Geschnaube« der Hainbündner: über die stereotype Freundschafts-Salbaderei und geradezu hündische Klopstock-Verehrung ebenso wie über die outrierte Germanomanie, nebst übelstem Franzosenhaß, und das nicht minder manische Ressentiment gegen Wieland, dessen zweideutige erotisch-tändelnde Rokoko-Poesien diese Keuschheits-Apostel zu Fidibussen verarbeiten und sich auch noch damit brüsten. Seinem Verleger Dieterich, der auch den *Musenalmanach* im Verlag hatte, stößt er denn auch Bescheid: »Nichts ist lustiger als wenn sich die Non-

sense-Sänger über die Wollustsänger hermachen, die Gimpel über die Nachtigallen. Sie werfen Wielanden vor, daß er die junge Unschuld am Altar der Wollust schlachtet, blos, weil der Mann, unter so vielen verdienstlichen Wercken, die die junge Unschuld nicht einmal versteht, auch ein paar allzu freye Gedichte gemacht hat«, die zudem noch »mehr wahres Dichter Genie verrathen, als alle die Oden voll falschem Patriotismus für ein Vaterland, dessen bester Theil alles das Zeug zum Hencker wünscht.«
Wir hätten uns wohl kaum hingesetzt, ein *Lichtenberg-ABC* zu schreiben, wenn er nicht prinzipiell richtig läge. Das zeigt ein kurzer Blick auf die schwächeren Elaborate der Hainbund-Produktion – etwa eines J. M. Miller:

Minnehold an Teuthard

Es war kein Schwur; es war ein Blick,
Und drauf ein Druck der Hand,
Der, Freund, im ersten Augenblick,
Mein Herz an deines band.

Der Deutsche kennt den Deutschen bald
Am offenen Gesicht,
Am Feuer, das vom Auge wallt,
Am Ton, worin er spricht.

So kannt ich dich! Es sprach dein Ton
In wenig Worten viel;
Dem leeren Franzen sprach er Hohn,
Und in mein Herz Gefühl.

Die letzten beiden Strophen können wir uns wohl ersparen. Dafür lieber noch zwei aus der Ode *Die Geliebte*: »Von edler Einfalt lächle, Natur! wie du, / Mir einst das Mädchen, das sich mein Herz erkiest: / Sanft sei ihr himmelblaues Auge, / Sittsamkeit wohne darin, und Unschuld. // Nicht Flittergold und Puppentand liebe sie, / Den, mit dem Keim des Lasters, Lutetien / Zuerst dem deutschen Mädchen sandte, / Eh es der Unschuld Gewand verschmähte! // …

Im stillen übe, wenigen nur bekannt, / Sie sich in jeder weiblichen Tugend, dann / Erschall ein keusches Lied am Abend / Lieblich ins Silbergetön der Laute!«
Wir merken schon – es ist immer die gleiche Leier. Und können Lichtenberg nur zu gut verstehen, der ob solcher Alfanzereien mit grimmem Lächeln ins Sudelbuch kritzelt: »Wenn man etwas Silbenmaß in den Ohren hat und dabei 20 bis dreißig Oden als stimulantia liest, so mögte [ich] gern das Gesicht von dem Sterblichen sehen, der nicht eine Ode wiederhallen könnte bei der jedem poetischen Primaner die Nasenlöcher auf und Finger und Zehen auseinandergehen sollten.« Punktum.

Guillotine »Sonst sucht man bei Bekehrungen die Meinung wegzuschaffen, ohne den Kopf anzutasten; in Frankreich verfährt man jetzt kürzer: man nimmt die Meinung mitsamt den Kopf weg.« So spricht der Aphoristiker, dessen Empörung über die Robespierreschen Bluttaten sich in einem zynischen Witz entlädt. Als Naturwissenschaftler ist Lichtenberg aus einem anderen Holz. Da nämlich ist er zunächst mal Naturwissenschaftler. Und da sind es die kleinen Dinge, die ihm Freude machen. Zum Beispiel die enorme Funktionalität des gerade – ausgerechnet von einem Pariser Arzt, Joseph Ignace Guillotin – erfundenen und bald darauf berüchtigten Mord-Geräts. Schon bemerkenswert, wie mühelos Lichtenberg hier vom realen Mißbrauch abstrahieren kann, wenn es darum geht, die unschätzbaren Vorteile dieser Hinrichtungsmaschine zu preisen: »Des Mannes Absicht war gut, denn, wenn doch einmal Köpfe abgeschlagen werden sollen, so ist nicht leicht eine vollkommenere Maschine zu dieser Absicht möglich, als die Guillotine.« Ein Hoch der Aufklärung! Oder haben wir hier die Ironie überlesen?
Wohl kaum, denn im weiteren Verlauf dieses kurzen Kalender-Aufsatzes, *Ein Wort über das Alter der Guillotine*, macht Lichtenberg ihre noch wenig ausgereiften historischen Vorläufer dingfest, zählt deren Schwächen und zum Vergleich die Vorteile der neuen Erfindung auf, um ihre blitz-

blanke Schneide in noch hellerem – und von keiner Ironie gebrochenem – Lichte blinken zu lassen: »Bei der Guillotine ... ist die Schneide stark gegen den Horizont geneigt, das fallende Messer greift also nur anfangs wenige Fibern des Halses an, und bahnt sich so unvermerkt den Weg zu dem stärkern Teil. Daher auch der Hals bei der Guillotine in einer Aushöhlung oder gar in einer Art von Halsband, das durch Bretter formiert wird, liegen muß, um bei dem ersten Anfall, nicht von der Seite auszuweichen, und das Messer bleibt nicht auf einem Block liegen, sondern geht an den Brettern ganz vorbei, über den abgeschnittenen Hals hinaus, wie der Hobel. Der wirksame Teil der fallenden Schneide ist hier sehr viel größer, als bei dem hackenden Beil, und richtet sich nach dem Neigungswinkel der Schneide gegen den Horizont. Wird nun übrigens dafür gesorgt, daß die Zeit des Durchgangs des Messers durch den Hals nicht größer ist, als die zum Abhacken nötige, so wird auch dieser kleine Zeitraum bei der Guillotine minder empfindlich sein als bei dem fallenden Beil. Die Sache ist einer mathematischen Darstellung fähig, womit ich aber unsere Leser verschonen will.« Das wäre ja auch noch schöner. Unterm Strich gar der gesteigerte Wirkungsgrad in Prozent?

Nun geht es Lichtenberg aber nicht bloß um einen Funktionalitätserweis, gewissermaßen zum Ruhme der Aufklärung, auch wenn sein Schwelgen in mechanisch-physikalischen Details zunächst diesen Eindruck erwecken mag, sondern eben auch um den Effekt, den diese Effizienzsteigerung beim Delinquenten macht. Und der ist seiner Ansicht nach ein zutiefst humaner. Er räumt zwar ein, daß der »Leidende« ohnehin »in einem Augenblick« stirbt, einerlei, ob er nun mit Beil, Schwert oder älterem Fallbeil ins Jenseits befördert wird. Aber diesen einen Augenblick soll man ihm dann wenigstens so angenehm wie möglich gestalten. Denn es ist doch so: »Wer da weiß, daß er unter dem Beil sterben muß, in einem Augenblick, betrachtet diesen Augenblick durch ein Vergrößerungsmittel. Unter solchen Umständen, glaube ich, ist es Pflicht,

Die erste authentische Abbildung eines Fallbeils.
(Abb. aus der Nationalbibliothek Paris)

selbst für die praktische Mechanik, jene schwere Passage nach allen Kräften zu erleichtern.«

Ein Beitrag zum humanen Sterben also? Lichtenbergs Freund Soemmering bezweifelte das. Er antwortete Lichtenberg mit einem kurzen Aufsatz, in dem er gerade das Gegenteil beweisen will, nämlich: »daß diese Todesart höchst grausam deswegen seyn müße, weil der vom Rumpf getrennte Kopf in dem alles Bewußtseyn, die wahre Personalität, das eigentlich *Ich* noch eine Zeitlang übrig bleibt, die dem Halse zugefügte schreckliche Schmerzen nachfühlt nachempfindet.« Von einer menschlichen Hinrichtungsart kann also gar keine Rede sein; auch deshalb nicht, und jetzt wird Soemmering langsam warm, weil »alle barbarische Gräßlichkeiten der Schlachtbank, kurz alle wahrlich die Menschheit entehrende Abscheulichkeiten« einer blutrünstigen Menge als Jahrmarktsspektakel vorgeführt werden. Ein Frevel an der Zivilisation.

Natürlich hat Soemmering recht. Ließ sich Lichtenberg etwa von der technischen Perfektion jener Tötungsmaschine blenden? Nun, der philanthropische Physiologe dachte hier jedenfalls weiter als der Experimentalphysiker. Lichtenberg konnte dies nicht verborgen bleiben. Und so hat er Soemmerings »herrliche Bemerkungen« nicht wie geplant in seinen *Göttinger Taschen Calender* eingerückt.

H

Hahlrauch In seinem Dialog-Essay *Krakatau* schildert Arno Schmidt nicht nur den berühmten Vulkanausbruch, er weiß auch von seltsamen Erscheinungen im Sommer 1783 zu berichten. In dieser Zeit seien »aus ganz Norddeutschland alarmierende Nachrichten eingelaufen, von einem ›Heerdrauch‹, wie er in solchem Ausmaß noch nie gleich lästig registriert worden war. Sonne & Mond verloren ihren Schein; Pflanzen waren morgens mit ›Meltau‹ belegt und begannen zu kümmern.« Schmidt meint das Phänomen des Hahlrauchs, das Lichtenbergs Zeitgenossen, darunter sein Bruder Ludwig Christian aus Gotha, wegen der rötlichen Färbung der Sonne und den pittoresken Dämmerungserscheinungen beschäftigte – und selbstredend beunruhigte. Lichtenberg sieht's gelassener. Er beobachtet zunächst einmal und trägt die Fakten zusammen. An seinen Freund Amelung schreibt er: »Der Hahl-Rauch erstreckt sich sichren Nachrichten zufolge weit über Straßburg hinaus, gegen Norden über Hannover u gegen Süden über Gotha; ich habe Briefe über Briefe aller Orten her darüber gehabt. … Ich habe ihn hier mehrmals erlebt und viel stärcker als jetzt, aber nicht so anhaltend das war hauptsächl. im Junius 1774, wo er so roch, daß ich meine Fenster verschließen mußte.«

Und seine Schlußfolgerung zeigt einmal mehr den Empiristen, der zuvörderst seiner Erfahrung vertraut. Was damals, im Junius 1774, außer ein bißchen Gestank nichts Bemerkenswertes angerichtet hat, ist wohl auch heuer, anno 1783, nur mehr heiße Luft: »Ich glaube nicht, daß er so schädlich ist, als man glaubt. … Mein Körper ist, wie es sich für den Cörper eines Prof. Physices geziemt, ein nie versagendes *Barometer, Thermometer, Hygrometer, Manometer* pp. allein ich empfinde von diesem Nebel keine *besondere* Wirckung; wir haben ihn hier sehr starck, und bemercken auch allerley, aber nichts was sich nicht auch von einer trockenen Hitze erwarten liese. Man kan bey solchen Dingen nicht genug zweifeln.« Keinen Zweifel gibt es bei Lichtenberg aber darüber, daß es sich hier um eine Naturerscheinung handelt: »Denn so bald man etwas einmal für wunderbar hält, so zieht sich sogleich ein Haal Rauch zwischen Vernunfft und Wahrheit, und alles wird wunderbar.« Das den metaphysischen Spekulanten ins Stammbuch, die sich sogleich dem Phänomen an die irisierenden Fersen hefteten. Aber eine physikalische Erklärung hat auch Lichtenberg zunächst nicht.

Die allgemeine Aufregung legt sich aber nicht so schnell; da ist er als Experte natürlich gehalten, sich kundig zu machen. Bereits zehn Tage später, am 13. Juli 1783, präsentiert er seinem Brieffreund Franz Ferdinand Wolf denn auch eine erste Hypothese: »Ich wolte, daß der Hehe Rauch, Heiderauch, Heelrauch-Nebel-Dampf-Dunst und die Sonne mit ihrem rothen Mittags Gesicht in Calabrien geblieben wäre.« Denn dieser Nebel habe ihm ein solches »Mehlthau-geschmeiß von Briefen und Billeten« auf die Stube gezogen, daß er sich fast genötigt sehe, ein Flugblatt drucken zu lassen. Letzteres war nur ein Witz, die Anspielung auf Kalabrien aber wohl durchaus ernst gemeint. Dort nämlich hatte etwa zur gleichen Zeit ein großes Erdbeben stattgefunden. Eine Verbindung lag also nahe. In seiner Bearbeitung der Erxlebenschen *Anfangsgründe der Naturlehre* (3. Aufl.), die im Jahr darauf erscheint, spricht er sich dann jedoch bereits gegen einen Zusammenhang aus.

Von einer zweiten Erklärungs-Hypothese Lichtenbergs weiß nun wieder Arno Schmidt – und vermutlich er allein. Noch einmal *Krakatau*: »Aberglaube aller Art regte sich; und um ganz sicher zu gehen, forderte man ein Gutachten der Universität Göttingen an, das der hochangesehene Hofrat und glänzende Schriftsteller, der Professor für Mathematik und Physik, Georg Christoph Lichtenberg, nach Prüfung der Sachlage gern ausstellte: Schuld an all dem Genebel waren die armen Kolonisten im Bourtangermoor, an der holländischen Grenze und anderwärts, die im Juni Feuer anzulegen pflegten, um ihre Sümpfe für ein paar Jahre ertragsfähig zu machen: der schwere Qualm dieser wochenlang schwelenden Brände sei es, der, von den in Norddeutschland vorherrschenden Westwinden landeinwärts getragen, solche bedauerlichen Erscheinungen erzeuge.« Ein solches Gutachten existiert nicht. Und von den armen niederländischen Feuerteufeln wußte Lichtenberg wohl auch noch nichts.

Diese »gutgemeinte Theorie« könne auch nur, wie Schmidt dann wieder richtig fortfährt, die sich in Abständen wiederholenden Nebel in Norddeutschland erklären, kaum aber die Erscheinungen im Sommer 1783, denen man parallel dazu auch in Frankreich, Schweden und an der Nordküste Afrikas ansichtig ward. Die eigentliche Ursache dieser wenigstens gesamteuropäischen Ereignisse sei der Ausbruch des isländischen Vulkans Skaptar Jökull. Damit zeigt sich Arno Schmidt auf der Höhe neuerer vulkanologischer Forschungen. Und beinahe rührend nimmt er Lichtenbergs vermeintliche Unkenntnis in Schutz: »aus Asien, Amerika und Australien ging damals noch keine Post nach Göttingen; sonst wäre Professor Lichtenberg doch wohl aufmerksam geworden«. Des kollegialen Beistandes hätte es freilich gar nicht bedurft, denn spätestens in der 4. Auflage der *Anfangsgründe der Naturlehre* ist Professor Lichtenberg aufmerksam geworden – und gibt einen Hinweis auf den verheerenden isländischen Vulkanausbruch.

Übrigens eine veritable Naturkatastrophe. Der anschließende Asche- und saure Schwefelregen vergiftete die Weiden und das Trinkwasser auf Island und brachte die Landwirtschaft fast ganz zum Erliegen. Die Fischer konnten aufgrund des dichten Staubnebels nicht hinausfahren. Eine allgemeine Hungersnot war die Folge. Die Bevölkerung ging im Zeitraum von zwei Jahren von 49 000 auf 38 000 Menschen zurück. Es dauerte über hundert Jahre, bis sich Island wieder von der Katastrophe erholt hatte. Von dessen Ausmaß ahnte Lichtenberg aber vermutlich nichts. Sonst hätte er sich diese Gelegenheit wohl nicht entgehen lassen, noch einmal die Theodizee-Frage zu stellen – und entsprechend zu beantworten.

Hogarth Lichtenbergs einziges – mit seinen auf fünf Bänden verteilten 1500 Seiten – wirklich einmal opulentes Werk, die *Ausführlichen Erklärungen der Hogarthischen Kupferstiche*, hat ihm zu Lebzeiten wohl auch den meisten Ruhm eingebracht – zumindest in der literarischen Welt. Goethe zählte die zweite Lieferung 1795 zähneknirschend zu den drei Werken, »welche in diesem Jahr das größte

Aufsehen erregten«. Zähneknirschend deshalb, weil Hogarths »modern moral subjects«, diese zwischen Groteske und derbem, detailscharfem Realismus angesiedelten moralischen Kupfer, mit seinem klassischen Kunstverständnis nun gar nicht harmonierten. Den Erfolg des William Hogarth konnte er sich nur dadurch erklären, daß man dessen Kunst praktisch voraussetzungslos rezipieren könne. Man brauche nur etwas »bösen Willen und Verachtung der Menschheit« dafür.

Lichtenberg aber war affiziert. Vermutlich schon bei seiner ersten Englandreise hat er die recht verbreiteten Drucke in Augenschein nehmen können, während seines zweiten Besuchs 1775 nutzt er dann die günstige Gelegenheit und erwirbt einige bei Hogarths Witwe. Nun beginnt eine intensive und begeisterte Beschäftigung, die bis zu Lichtenbergs Tod anhalten sollte. Allerdings wagt er sich nicht sogleich an die Erklärungen. Erst einmal übt er noch fünf *Göttinger Taschen Calender* lang an den Stichen des »deutschen Hogarth« Daniel Chodowiecki, den er als Illustrator gewinnen konnte. Seit 1784 aber (bis zum letzten Kalender 1799) widmet er sich Jahr für Jahr den Hogarthschen Kupferstichen: Er läßt Ausschnitte der Originale, seinem physio- und pathognomischem Interesse gemäß vor allem Köpfe, von dem Göttinger Kleinkünstler Riepenhausen nachstechen und knüpft daran dann seine witzigen, bisweilen reichlich mutwilligen, aber immer sehr scharfsinnigen Analysen.

In diesen kleineren Kalender-Beiträgen zeigt sich schon Lichtenbergs Verfahren, das er in den 1794 begonnenen *Ausführlichen Erklärungen*, die jeweils den gesamten Hogarth-Stich analysieren, noch erschöpfender vorführt. Er nennt es den »poetischen« Weg. Andere »prosaische« Erklärer, die »bloß mit kurzen und dürren Worten« sagen, »was die Dinge bedeuten«, habe es schon mehrere gegeben (in Deutschland etwa Christlob Mylius), er jedoch sei »der erste, der sich auf *diesem* Wege versucht hat«. Und was das heißt, erklärt er dann: »Auf diesem müßte nicht allein alles das auch geleistet werden, was auf jenem ge-

I

William Hogarth: *Die Folgen der Emsigkeit und des Müßiggangs.* Von Ernst Ludwig Riepenhausen nachgestochene Ausschnitte aus dem *Göttinger Taschen Calender* für 1792

leistet wurde, sondern obendrein in einer Sprache und überhaupt in einem Vortrage, den durchaus eine gewisse Laune belebte, die mit der des Künstlers so viel Ähnlichkeit hätte, als möglich, und immer mit ihr gleichen Gang hielte. Was der Künstler da *gezeichnet* hat, müßte nun auch *so gesagt* werden, wie er es würde *gesagt* haben, wenn er die Feder so hätte führen können, wie er den Grabstichel geführt hat.«

Es geht ihm also um die Transformation von Bildwitz in Sprachwitz, um eine kongeniale literarische Reproduktion der Bilder. Insofern dürfe der Leser keine Moralpredigten erwarten: »Hogarths launigem Spott gegen über, ernsthafte Moral lehren wollen, hieße, seine Satyren auf das Laster, und die Torheit in eine auf die Moral selbst verwandeln.« Statt dessen müßten die Erläuterungen nach zeitgenössischen und landläufigen Korrespondenzen und Analogien Ausschau halten. Dann nämlich ließe sich Hogarths »Hieben, die er dem Laster und den Torheiten seines Vaterlandes damals so reichlich mitteilte, durch eine kleine Wendung eine Richtung« geben, »daß etwas davon auch auf neuere Köpfe fiele«.

Sein Programm hat er durchaus eingelöst, obwohl sein Witz sich im Medium der Bildexegese doch nicht immer so locker entfalten kann, wie man es von ihm gewohnt ist. Er muß sich notwendig der Bildvorlage unterordnen, und die ist so nuancenreich, daß seine skrupulöse sprachliche Nachbildung, die er noch dazu kritisch kommentiert, also für Selbstreflexionen und hermeneutische Rechenschaftsberichte unterbricht, bisweilen doch etwas ermüdet – jedenfalls den Leser des ausgehenden 20. Jahrhunderts. Im 19. war das wohl etwas anderes. Jean Paul sah in den Hogarth-Erklärungen »ein rein witziges Produkt« und »Aphrodisiakum für mein satirisches Zeugen«, ein nicht auszulesendes Werk, das »bei der zehnten Lesung die zehnte Lieferung von Witz und Freude« gebe. Von nun an war Hogarth für über ein Jahrhundert nur noch in Verbindung mit Lichtenberg denkbar.

I

Italienische Reise Schon 1779 hatte Lichtenberg eine Reise nach Italien, jenem gelobten Land des 18. Jahrhunderts, geplant. Sein ehemals engster Studienkollege Jöns Matthias Ljungberg, mittlerweile als Finanz-Rat im dänischen Staatsdienst, sollte dabeisein. Und auch sein Freund Georg Heinrich Hollenberg spielte mit dem Gedanken, sich der Reisegesellschaft anzuschließen. An letzteren schreibt Lichtenberg wohl im November des Jahres, schon in freudiger Erwartung: »Die Reise nach Italien und dem classischen Boden ist auch mein Sonntagsgedanke, mit dem ich mich wieder und wieder traktire. Der Himmel wird uns ja Segen geben. / An Ljungberg, der jezt in Kopenhagen ist, habe ich schon Ihrentwegen geschrieben und ihm gesagt, daß sie unter meiner ganzen Bekanntschaft der *einzige* wären, den ich zu einem dritten vorschlagen wolte.«
Aber Hollenberg sprang offenbar ab, die Reise wurde verschoben, und Lichtenbergs »Sonntagsgedanke« geriet im wissenschaftlichen Alltag für eine Weile in Vergessenheit. Erst fünf Jahre später blitzt die Idee wieder auf – in einem Brief an Schernhagen, den hannoverischen Minister, bei dem er vorfühlen wollte, ob seine Reisepläne den Beifall des dasigen Geheimen-Rats-Kollegiums fänden, und von dem er sich selbstredend auch etwas Fürsprache erhoffte. Jedenfalls bemüht er sich, dem Freund die Vorteile einer solchen Tour in den kräftigsten Farben auszupinseln. Lichtenberg leistet »Überzeugungsarbeit«: »Nun komme ich auf eine Sache, die Ew. Wohlgebohren sehr unerwartet seyn wird, es ist aber kein hastig gefaßter Entschluß, sondern ich habe mit Herrn *Ljungberg* schon mehrere Jahre darüber gebrütet, und nun, da ich meine gantze übrige Lebens Zeit der Physic allein zu widmen gedencke, ist er reif geworden. Ich wäre nemlich willens nächsten Winter in *Florentz, Rom, Neapel und Calabrien* zuzubringen. Unsere

Haupt-Absicht ist die Physic.« Vor allem: »Thue ich diese Reise blos um meine Kenntniss zu erweitern und zum Vortheil der Universität, denn Italien ist jezt, vielleicht mehr als England, der Sitz der wahren Naturlehre ... Für meine künfftige Beschäfftigung bey der Universität, dencke ich, kan ich nichts nützlicheres Unternehmen. Wenn ich das zerstörte *Messina* sehe, so will ich wohl zu schildern wissen, wie es aussieht. Den *Classischen* Boden von *Rom* muß ich betretten, jezt ist es noch Zeit es mit Vortheil zu thun, in 6–8 Jahren mögte mir der Muth fehlen, der mir jezt sicherlich nicht fehlt.«
Da der Reise nun mal ausschließlich uneigennützige Intentionen zugrunde lagen und sie zur Gänze der Universität zugute kommen sollte, durfte eigentlich keiner was dagegen haben. Schernhagen hat denn wohl auch prompt seine Zustimmung signalisiert. Nur zehn Tage später nämlich geht dero »unterthänigster Diener«, Lichtenberg, die »Hochgebohrnen Excellentzen« ganz offiziell um einen halbjährigen Urlaub an – und um einen Vorschuß über ein ganzes Jahresgehalt. Immerhin! Noch einmal lesen wir einen artig antichambrierenden Lichtenberg: »Ich getröste mich um so mehr einer Gnädigsten Erhörung, als wir beyde diese Reise in einerley Absicht und eintzig zur Erweiterung unserer Kenntnisse in der Naturlehre und Mathematic unternehmen, und uns also mit unsern Bemerckungen Wechselseitig unterstützen können. Alterthümer, Baukunst und Mahlerey sollen zwar nicht ganz vergessen werden, sie werden aber immer als eine Nebensache von uns angesehen werden.« Damit das mal klar ist.
Und tatsächlich, die Geheimen Räte erhörten ihn gnädigst – aber nun konnte oder wollte plötzlich Ljungberg nicht mehr. Angeblich weil er von der dänischen Regierung keine Verlängerung seines Urlaubs bekommen hatte. Lichtenberg hegte da leise Zweifel. Dem befreundeten Romancier Johann Gottwerth Müller enthüllt er wenige Wochen später seine ganze Enttäuschung über die Pleite; zugleich spiegelt Lichtenbergs Schreiben aber auch die

Faszination, die Italien auf ihn – wie so viele andere seiner Zeitgenossen – ausübte: »Als ich die Nachricht erhielt, ich glaubte, ich würde niedersinken. In der That, ob ich gleich nie närrisch gewesen bin, so weiß ich doch jetzt, wie es einem ist, wenn man es werden will, und das ist das einzige, was ich bei der Sache profitirt habe. Ich hatte mich über 9 Wochen auf die Reise präparirt, ich fühlte schon die classische Erde unter meinen Füßen, passirte mit dem Cäsar den Rubicon, mit dem Hannibal die Alpen, und mit Constantin die Brücke, wo das heil. Creuz am Himmel stund. Ich stieg zum Capitol hinauf, betastete die Schiffschnäbel und mir schwindelte am Tarpejischen Felsen. – Im zweyten Act erschien der Laocoon, der Apoll in Belvedere und die Mediceische Venus zu Florenz; alle Wände waren mit Raphaels und Corregios behangen. – Im dritten bekletterte ich den Vesuv, ging auf den Pontinischen Sümpfen spatzieren, die neulich abgebrannt sind, sah den Styx und die Hundshöle und wandelte in Alleen von blühenden Aloe- und Apfelsinen-Bäumen – und auf einmal, als wenn der Blitz einschlüge, war nichts da für den ganzen Winter, als Göttingischer Schnee, Schlittengeläute und magere Hyazinthen-Zwiebeln an meinem Fenster.«
Niederschmetternd. Die antiken Artefakte waren ihm doch wohl mehr als eine pittoreske »Nebensache«, wie er dem Rats-Kollegium weismachen wollte. Auf den Spuren der Alten zu wandeln, darum ging es in erster Linie. Wenn seine Reise ins fortschrittliche England ein kleiner Schritt in die (industrialisierte) Zukunft war, dann hätte der Italien-Aufenthalt ein großer in die Vergangenheit werden können. Aber nicht als Eiferer à la Winckelmann hätte er dieses gewaltige Kunst-Kabinett besichtigt, sondern mit dem kühlen Blick des Naturwissenschaftlers: »Winckelman[n]«, so notiert er sich schon zehn Jahre zuvor im England-Tagebuch, »war ein Enthusiast, ein Mann der für die Alten eingenommen war, der sich seelig prieß, als er sich auf Classischem Grund und Boden befand, der seinen Geschmack nach den Mustern bildete, die er richten sollte … Es gehört schon viel dazu, nach so viel gemachtem Lärm

ohne den Entschluß nach Rom zu gehen sich dem Vaticanischen Apoll zu Füßen zu werfen. Alle reißen hin in der Absicht ihn anzubeten und keine seine Gottheit zu untersuchen.«

Nun, daß Lichtenberg weniger angebetet und statt dessen mehr untersucht hätte, steht außer Frage. Aber vielleicht wäre er ja überdies, wie sich Wolfgang Promies ganz lichtenbergisch »erträumt«, mit einem wirksamen Antidot gegen die verbreitete Antiken-Schwärmerei zurückgekehrt. Etwa in Form einer Streitschrift? Und vielleicht hätte er damit ja auch die deutsche Öffentlichkeit gegen die unselige klassizistische Bleichsucht in Literatur und Kunst immunisieren können. Wer weiß, wer weiß ...

J

Judentum Lichtenberg hatte das Zeug zum Philosemiten. Wer seine intellektuelle Physiognomie etwas kennt, bemerkt Eigenschaften, die eine Adaption der *bewährten* judenfeindlichen Klischees eigentlich hätten verhindern müssen: seinen vielbeschworenen Skeptizismus und Empirismus, sein konjunktivisches Denken, die Scheu vor übereilter Abstraktion und Systematisierung. Aber wenn Lichtenberg über das Judentum reflektiert, verlassen seine Gedanken nur selten einmal die ausgetretenen Pfade traditioneller Judenfeindschaft, sind seine Äußerungen voller ironisch-gehässiger Seitenhiebe, Gereiztheiten und Animositäten.

Der englische Germanist Joseph Peter Stern hat schon vor einigen Jahrzehnten versucht, Lichtenbergs Judenfeindschaft von seinem grundsätzlichen Antiklerikalismus abzuleiten. Und wenn man sich Lichtenbergs fast immer satirisch-polemische Äußerungen zur jüdischen *Religion* genauer ansieht, hat das auch einiges für sich.

Seine Invektiven richten sich gegen den Auserwähltheits- und Offenbarungsglauben und die Liturgie – gegen jene »abgeschmackten Zeremonien« also, die dem Verfechter einer »Vernunft-Religion« notwendig als ritueller Obskurantismus erscheinen mußten. Vergleicht man diese Sticheleien mit Lichtenbergs Einwänden gegen die christliche Theologie, besonders den Katholizismus, stellt man deutliche Übereinstimmungen fest. Auch hier übt er im Namen der Vernunft harsche Kritik am Offenbarungsgedanken, an traditionellen Abergläubeleien und der formalistischen Religionspraxis. J. P. Sterns Diktum, Lichtenbergs Judenfeindschaft entspringe »derselben Quelle wie sein Antiklerikalismus«, besitzt insofern eine gewisse Evidenz – zumindest was seine religiöse Idiosynkrasie angeht.

Nun bezeichnet »Judentum« im 18. Jahrhundert aber nicht nur die »Religion«, sondern eben auch das »Volk«, die »Nation« – und seit den anthropologischen Forschungen von Johann Friedrich Blumenbach und Christoph Meiners in den 70er und 80er Jahren auch schon die »Rasse«. Lichtenbergs Sottisen richten sich denn auch weitaus häufiger gegen das jüdische Kollektiv – sind in diesen Fällen also kaum mit seinem Antiklerikalismus zu erklären. Er schreibt den Juden einen spezifischen Nationalcharakter zu, der sich aus den antijüdischen Stereotypen der Zeit zusammensetzt. Und die reproduziert er mit erstaunlicher Kontinuität.

Etwa den Materialismus-Vorwurf, der den Juden Habgier, einen natürlichen Hang zum Geldgeschäft, einen auf bloße Gewinnmaximierung reduzierten Habitus nachsagt. Nehmen wir beispielsweise Lichtenbergs ausführliche Erklärungen zu Hogarths Kupferstich-Serie *Der Weg der Buhlerin*. Die zweite Platte zeigt einen reichen Juden, der seiner Mätresse, der Protagonistin der Serie, zum Tee aufwartet. Fatalerweise ist er zu früh gekommen, ein zweiter Liebhaber befindet sich noch im Zimmer. Damit dieser unbemerkt verschwinden kann, inszeniert sie einen Streit, hebt das »rechte Bein auf und tritt den silbernen Tisch, mit Tee-

topf und Tassen, und allem was da war, über den Haufen«: »›*Sieh, Mauschel, nicht So viel, achte ich dich und deinen elenden Plunder; da liegt er*‹; und dabei wird mit einem *Schnippchen* [Fingerschnippen] genau gemessen, wie viel sie den Plunder achtet.«
Etwas weiter unten deutet Lichtenberg dann die Reaktion des Juden: »Der Jude, wie sich der benimmt? Unnachahmlich jüdisch. Er hält die viermal gestrichene Diskant-Nötchen seiner *Schönen* im tiefen, langsamen *Nasal-Baß* aus, und daran tut er recht. Die erste Violine würde springen, wenn er selbst geschwindern Takt angeben wollte. Davor hütet er sich. Er hat sie auf *Leib-* und *Lieb-Rente*. Die Interessen freilich für *diesen* Morgen, sind fort, aber das Kapital muß gewahrt werden.«
Hogarths Jude benimmt sich demnach typisch, eben: »Unnachahmlich jüdisch«. Selbst in solch einer prekären Situation kann der Jude nicht aus seiner Haut. Er bleibt der

William Hogarth: *Der Weg der Buhlerin.* (2. Platte)

nüchtern kalkulierende, auf materiellen Vorteil bedachte Geschäftsmann.
Noch ein Beispiel. Im dritten Stück seiner *Briefe aus England* schildert Lichtenberg eine Aufführung von Shakespeares *Kaufmann von Venedig*. Die Figur des bösen Juden Shylock, von Macklin – einem der berühmtesten Schauspieler dieser Zeit – offenbar kongenial in Szene gesetzt, affiziert seine latente Abneigung so sehr, daß er sich erneut zu polemischen Äußerungen hinreißen läßt, die auf das Typische zielen: »Es ist nicht zu leugnen, diesen Juden zu sehen ist mehr als hinreichend, in dem gesetztesten Mann auf einmal alle Vorurteile der Kindheit gegen dieses Volk wieder aufzuwecken.« Und obwohl er seine Vorurteile als solche erkennt, kann er sich nicht von ihnen lösen: »Die ersten Worte, die er sagt, wenn er auftritt, sind langsam und bedeutend! Three thousand Ducats. Das doppelte th und das zweimalige s, zumal das letzte nach dem t, das Macklin so leckerhaft lispelt, als schmeckte er die Dukaten, und alles, was man dafür kaufen kann, auf einmal, geben dem Mann, gleich beim Eintritt, einen Kredit, der nicht mehr zu verderben ist. Drei solcher Worte so, und an der Stelle gesprochen, zeichnen einen ganzen Charakter.« Nämlich den des jüdischen Volkes.

*

Bis in die 50er Jahre des 18. Jahrhunderts hinein, also noch in Lichtenbergs Sozialisationszeit, steht die öffentliche Meinung unter dem Einfluß Eisenmengers und seines umfänglichen Werkes *Entdecktes Judenthum*. Eisenmenger glaubt so etwas wie eine Binnen-Ethik entdeckt zu haben, der zufolge Juden nur gegenüber den Glaubensgenossen zu moralisch einwandfreiem Handeln verpflichtet seien. Er setzt damit den Grundstein für das immer wieder kolportierte Stereotyp der jüdischen Amoralität, das auch bei Lichtenberg des öfteren begegnet – etwa im schon erwähnten dritten Brief aus England: »Shylock ist keiner von den kleinlichen, beredten Betrügern, die über die Tugenden einer goldenen Uhrkette aus Tomback eine

Stunde plaudern können; er ist langsam, in unergründlicher Schlauigkeit stille, und wo er das Gesetz für sich hat, bis zur Bosheit gerecht.«

Hier verschränkt Lichtenberg das Merkmal jüdischer Hinterhältigkeit mit der traditionell den Juden zugesprochenen Gerissenheit. Auch dieses Klischee vereinnahmt er für die eigene antijüdische Argumentation. Mehrfach spricht er von »jüdischer Finesse«, »Feinheit« oder »Pfiffigkeit«, einem übertriebenen Witz also, der ebenfalls pejorativ konnotiert wird und in Opposition steht zur »ächten« Vernunft, zum wahren Geist des Philosophen: »Ein Berlinischer Jude (Bendavid) hatte einmal die Artigkeit mir bei einem Besuche ins Gesicht zu sagen, daß in *dubio* der Jude mehr Kopf habe als der Christ. Ich glaube sie haben eigentlich gar das nicht was man Kopf nennt. ... Große Groschen-Stücke aussuchen um sie dem Unwissenden und Unerfahrnen einmal für doppelte Groschen hinzuzahlen. Hat wohl je ein Jude eine Erfindung gemacht?«

Mit anderen Worten, die Juden seien zwar gewitzt, insbesondere wenn es darum gehe, andere über den Löffel zu balbieren, es gebreche ihnen indessen an schöpferischem Genie, an kreativer Phantasie: »Ist denn dieses Volk so wichtig und so genievoll, so fruchtbar für uns, daß wir es mit solcher Gewissenhaftigkeit hegen sollen? Dieses sehe ich nicht ein.«

Lichtenberg antizipiert hier im Ansatz bereits die romantische Legende von der kulturellen Sterilität des Judentums, die etwa von Richard Wagner in seiner folgenreichen antisemitischen Hetzschrift *Das Judentum in der Musik* vertreten wird. Die Klage über eine vermeintliche intellektuelle Unproduktivität liegt aber auch nicht weit entfernt vom landläufigen Schmarotzer-Vorwurf. Den nun finden wir vornehmlich in seinen Sudelbüchern. Beispielsweise behauptet er dort, die Juden hätten »sich in die Gesellschaft aller Völker eingeschachert« – dies verrate »schon das Ungeziefermäßige«. Und im selben Jahr notiert er sich zum Thema Judenemanzipation: »Warum wollen wir unsern Boden anders bearbeiten um eine sehr unnütze Frucht zu nähren, die unter unserm Klima nicht gedeiht, und sich auch nicht nach ihm bequemen will? ... Ich sehe nicht warum wir mit vielem Aufwand eine Pflanze bauen sollen, die sich nicht für unser Klima schickt und die uns wahrlich nichts einträgt, bloß aus dem empfindsamen Prinzip, daß das Pflänzchen nicht verloren gehe.« Die aggressive Tier-und-Pflanzen-Metaphorik offenbart bereits eine bedenkliche Affinität zu den proto-rassistischen Ideen der Zeit. Allerdings sind derartige Ausfälle auf einen kleinen Zeitraum, die letzten beiden Lebensjahre, beschränkt und vermutlich in ihrer Schärfe ein Reflex auf die sich intensivierende Emanzipationsdebatte.

*

Seit 1780 beginnt in Deutschland eine breitere Öffentlichkeit sich mit den Möglichkeiten einer Emanzipation und Integration der Juden zu beschäftigen. Trotz vieler Kontroversen über Ziele und Verfahrensweisen, in einem Punkt stimmen die Befürworter fast immer überein: die Gleichstellung der Juden dürfe nicht ad hoc und absolut, sondern nur in Rücksicht auf einen allmählichen Erziehungsprozeß in kleinen Schritten erfolgen. Die Juden sollten zuerst einmal beweisen, daß sie einer Emanzipation auch würdig, mit anderen Worten: daß sie assimilationsbereit seien. Und gerade die Emanzipationsgegner hatten da ihre Zweifel.

Auch Lichtenberg ist mehr als skeptisch. Immer wieder fallen ihm Assimilationsdefizite auf. Er mokiert sich über einen Mangel an Sprachkompetenz und gesellschaftlichen Umgangsformen, belächelt vor allem die Affektiertheit des jüdischen Parvenüs, lästert über die vermeintliche Feigheit der Juden und über ihre angeblich fehlende Hygiene. Eine eindeutige Absage an die jüdische Akkulturationsfähigkeit formuliert Lichtenberg aber erst gegen Ende seines Lebens. In einer dieser späten Sudelbuchnotizen nimmt er Bezug auf Dohms Emanzipations-Schrift *Über die bürgerliche Verbesserung der Juden* und weist die von Dohm popularisierte Milieutheorie, wonach die vermeintliche

Verdorbenheit der Juden nur eine Folge ihrer bedrückenden Lebensumstände sei, entschieden zurück: »Jetzt erklärt der erbärmlichste Betteljude seinen traurigen Zustand durch Christendruck. Koalisiert man sie mehr, öffnet ihnen alle rechtliche Wege zu Handel und Wandel, wobei jene Entschuldigung wegfällt, so werden sie finden, was für ein erbärmliches Volk sie sind.«
Selbst wenn man ihnen also volle Bürgerrechte gewährte, resultiere daraus keine moralische Verbesserung des jüdischen Wesens. Wenigstens an dieser Stelle scheint Lichtenberg von der Unverbesserlichkeit der Juden überzeugt zu sein – und damit auch ihrer Emanzipation ablehnend gegenüberzustehen. So auch in einem anderen Eintrag: »Selbst, wenn man den Entschluß gefaßt hatte sie künftig zu bessern, so mußten sie pro nunc weggeschafft werden, so lange bis sie gebessert sind, wozu wenig Hoffnung war. Die Besserung dieses in unserm als ihrem eignen Sinn unverbesserlichen Geschlechts konnte hier nicht unternommen werden.«
Hier zeigt sich Lichtenbergs kognitives Dilemma. Einerseits hält er fraglos am aufgeklärten Perfektibilitäts-Dogma fest und unterstützt somit grundsätzlich »den großen Plan zu ihrer Verbesserung«. Andererseits wiederum ist er zutiefst überzeugt von der Unveränderlichkeit des jüdischen Habitus und muß die potentielle Gleichstellung daher ablehnen. Am Ende überwiegt wohl die Ablehnung. Die Aversion verdrängt die hehren aufklärerischen Ideale.
Wirkliche Gleichberechtigung räumt Lichtenberg nur den Vertretern eines im Geiste des Rationalismus reformierten Judentums ein – jenen Juden also, die durch aufgeklärte Bildung ihren Glauben geläutert haben. Ihnen gegenüber verhält er sich dann in der Tat völlig unvoreingenommen und gänzlich vorurteilsfrei. Aber solche assimilierten Juden sind eben auch die Ausnahme.

Jungfer Stechard Im Frühling 1777 lernt Lichtenberg seine große Liebe kennen – die damals erst elf- oder zwölfjährige Leineweberstochter Maria Dorothea Stechard. Er holt sie als Aufwärterin ins Haus und lebt bald mit ihr in einem eheähnlichen Verhältnis. Fünf glückliche Jahre. Als sie am 4. August 1782 jählings stirbt – entweder an der »Rose am Kopf«, wie Lichtenberg annimmt, oder, laut Kirchenbuch, an einem hitzigen Gallenfieber –, erleidet er den »grösten Verlust« seines Lebens. In einem Brief an seinen alten Schulfreund, den Pfarrer Gottfried Hieronymus Amelung – vermutlich vom Herbst desselben Jahres, die erste tiefe Trauer scheint halbwegs überwunden –, erinnert er sich noch einmal verhalten melancholisch des »Blumenmädchens«:

»Ein solches Muster von Schönheit und Sanfftmuth hatte ich in meinem Leben noch nicht gesehen, ob ich gleich viel gesehen habe. Das erste mal, da ich sie sah, befand sie sich in einer Gesellschafft von 5 bis 6 andern, die wie die Kinder hier thun, auf dem Wall den vorbeygehenden Blumen verkaufen. Sie bot mir einen Strauß an, den ich kaufte. Ich hatte 3 Engländer bey mir, die bey mir aßen und wohnten. God almighty, sagte der eine, what a handsome girl this is. Ich hatte das ebenfalls bemerckt, und da ich wußte was für ein Sodom unser Nest ist, so dachte ich ernstlich dieses vortreffliche Geschöpf von einem solchen Handel abzuziehn. Ich sprach sie endlich allein, und bat sie mich im Hause zu besuchen; sie gienge keinem Purschen auf die Stube sagte sie. Wie sie aber hörte, daß ich ein Professor wäre, kam sie an einem Nachmittage mit Ihrer Mutter zu mir. Mit einem Wort, sie gab den Blumenhandel auf, und war den gantzen Tag bey mir. Hier fand ich, daß in dem vortrefflichen Leib eine Seele wohnte, grade so wie ich sie längst gesucht aber nie gefunden hatte. Ich unterrichtete sie im Schreiben und rechnen, und in anderen Kenntnissen, die ohne eine empfindsame Geckin aus Ihr zu machen, ihren Verstand immer mehr entwickelten. Mein physikalischer Apparat, der mich über 1500 Thaler kostet, reizte sie anfangs durch seinen Glantz und endlich wurde der Gebrauch davon Ihre eintzige Unterhaltung. Nun war unsre Bekanntschaft aufs Höchste gestiegen. Sie gieng spät weg, und kam mit dem Tage wieder, und den gantzen Tag über war ihre Sorge meine Sachen, von der Halsbinde an bis zur Lufftpumpe, in Ordnung zu halten, und das mit einer so himmlischen Sanfftmuth deren Möglichkeit ich mir vorher nicht gedacht hatte. Die Folge war, was sie schon muthmasen werden, sie blieb von Ostern 1780 an gantz bey mir. Ihre Neigung zu dieser Lebensart war so unbändig, daß sie nicht einmal die Treppe hinunterkam, als wenn sie in die Kirche und zum Abendmahl gieng. Sie war nicht wegzubringen. Wir waren beständig beysammen. Wenn sie in der Kirche war, so war es mir, als hätte ich meine Augen und alle meine Sinnen weggeschickt. – Mit einem Wort – sie war ohne priesterliche Einsegnung (verzeyhen Sie mir, bester, liebster Mann, diesen Ausdruck) meine Frau. Indessen konte ich diesen Engel, der eine solche Verbindung eingegangen war, nicht ohne die gröste Rührung ansehn. Daß sie mir alles aufgeopfert hatte, ohne vielleicht gantz die Wichtigkeit davon zu fühlen, war mir unerträglich. Ich nahm sie also mit an Tisch, wenn *Freunde* bey mir speißten, und gab ihr durchaus die Kleidung, die Ihre Lage erforderte, und liebte sie mit jedem Tage mehr. Meine ernstliche Absicht war mich mit ihr auch vor der Welt zu verbinden, woran sie nun nach und nach mich zuweilen zu erinnern anfieng. O du groser Gott! und dieses himmlische Mädchen ist mir am 4ten August 1782. Abends mit Sonn-Untergang *gestorben*. Ich hatte die besten Aerzte, alles, alles in der Welt ist gethan worden. Bedencken Sie liebster Mann, und erlauben Sie mir daß ich hier schließe. Es ist mir unmöglich fortzufahren

GCLichtenberg.«

Walter Benjamin hat diesen Brief als Zeugnis »der wahren Humanität« in seine Epistelsammlung *Deutsche Menschen* aufgenommen und auf dessen in der Tat »großartigen Lakonismus« hingewiesen – auf jene »Sachlichkeit, die mit keiner neuen den Vergleich zu meiden hat«. Er stellt ihn in eine Reihe mit Lessings berühmtem, den frühen Tod seiner geliebten Frau beklagendem Trauerbrief an seinen Freund Eschenburg. Mag immer hingehen. Ob sich in diesen Briefzeugnissen nun aber der wahre »preußische Geist« manifestiere, zwar »reiner und menschlicher« als beim friderizianischen Militär, aber doch als eine Art von nüchtern-männlichem Stoizismus, dessen kaltschnäuzige Intellektualität sich gerade im Leiden bewähre? Hoffentlich nicht, kann man da nur sagen.

In einem anderen Brief, an Christian Garve, also ausgerechnet gegenüber einem Philosophen, schlägt Lichtenberg denn auch deutlich andere, emotionalere Töne an: »Ich werde kaum ohne Thränen durch die Erzählung durchkommen können ... Ich kan und mag nicht weiter schreiben. Seit ihrem Tod ist mir jeder Verdruß ein Vergnügen möcht ich sagen, weil ich blos gegen Verdruß empfindlich bin.« Also doch wenigstens ein bißchen Verzweiflung und gerechtes Selbstmitleid. In den Briefen an seine engeren Freunde, die noch dazu ohne zeitlichen Abstand von der Krankheit und dem Tod der Stechardin künden, sowieso.

Immer wieder besingt er darin die Nachgiebigkeit, den Sanftmut und Liebreiz des »himmlischen Mädchens«, ihre Bescheidenheit und »Sorgfalt in allen Verrichtungen«. Gegenüber Garve bekennt er sogar: »Sie hat mich mit dem gantzen menschlichen Geschlecht ausgesöhnt.« Aber ganz so idealisch und keusch, wie es hier den Anschein haben will, war die Beziehung wohl doch nicht. Lichtenberg fühlte sich durchaus erotisch angezogen von seiner Kindfrau und hat sich ohne Zweifel genommen, was ihm zustand (ganz den Gepflogenheiten des 18. Jahrhunderts entsprechend). Und alle Welt, nicht nur Göttingen, wußte dies, zerriß sich das Maul darüber. August von Kotzebue etwa, der Trivialdramatiker, der Herbert Reinecker des 18. Jahrhunderts, spielt in seiner grobschlächtigen Satire *Doktor Bahrdt mit der eisernen Stirne* darauf an: »Vor vielen Jahren schon hielt ich mir ein Mädchen von elf Jahren, welches Blumensträuße feil trug. Sie wohnte in der Gasspühlen und wir brachten wechselseitig Götternächte miteinander zu. Ich kleidete sie mit britischer Freigiebigkeit, unterhielt auch Mama und Papa. Die Sache wurde endlich aber so notorisch, daß in der Schola puellarum meine Amasia ein Gespött der übrigen wurde …« Kein Wunder, daß Lichtenberg vor dem ex officio sittenstrengen Amelung ein wenig um den heißen Brei herumreden muß. Die Stechardin galt überall als seine Mätresse – und Lichtenberg konnte das nicht verborgen bleiben. Daß sie viel mehr war für ihn, und daß die Liebe wohl auf Gegenseitigkeit beruhte, dafür sprechen – neben allem anderen – auch seine ironisch-zärtlichen Kosenamen: »böses Katzen-Mädgen« oder »Hexe«. Im gemeinsam mit Gottfried August Bürger verfaßten Gedicht *Die Hexe die ich meine* ist sie es denn wohl auch, die Lichtenberg meint:

O was in tausend Zauberpracht,
Die Hexe, die ich meine, lacht!
Nun sing, o Lied, und sag's der Welt:
Wer hat den Unfug angestellt;
Daß so in tausend Zauberpracht
Die Hexe, die ich meine, lacht?

Wer schuf, zu frommem Trug so schlau,
Ihr Auge sanft und himmelblau? –
Das tat des bösen Feindes Kunst;
Der ist ein Freund vom blauen Dunst;
Der schuf, zu frommem Trug so schlau,
Ihr Auge sanft und himmelblau.

[…]

Und noch 1792 notiert sich Lichtenberg im Tagebuch mit drei Ausrufungszeichen den Tod der Stechardin »Vor 10 Jahren«. Ihren Namen schreibt er aber vorsichtshalber in griechischen Buchstaben, damit seine Frau nicht dahinterkommt, wer ihm hier – nach all den Jahren – immer noch so viel Emphase abnötigt.

K

Kellner, Margarete Nachmals Lichtenberg. Ein Jahr nach dem Tod der Stechardin trat die damals Fünfzehnjährige als Haushälterin und bald auch Geliebte bei Lichtenberg in den Dienst. Ein Dorfmädchen, Tochter eines Anstreichers aus dem Göttinger Umland. Alles nichts Ehrenrühriges, selbst für einen Göttinger Professor – solange es beim bloßen Verhältnis blieb. Und Lichtenberg hat zunächst nicht vor, daran etwas zu ändern – auch nicht, als sich ungebetener Nachwuchs einstellt. Da erfindet man einfach einen »Ludwig Christian Eckhardt aus Pommern« und trägt ihn als vermeintlichen Vater ins Geburts- und Taufbuch der evangelischen Kirchengemeinde St. Marien zu Göttingen ein, damit alles seine oberflächliche Ordnung hat. Die gesellschaftlichen Koventionen über Bord geworfen und eine veritable »Mißheurat« ins Auge gefaßt hat Lichtenberg erst, als er sich auf dem Sterbebett wähnte und befürchten mußte, seine kleine, damals immerhin schon dreiköpfige Familie mittellos zurückzulassen: »Den 5ten [Oktober 1789] von meiner Krankheit befallen und am Abend mit Margarethen kopuliert, durch Pastor Kahle«, notiert er sich ins Tagebuch. Damit hatte er ihr zumindest das Erbe gesichert.

Aber wie erwartet zerrissen selbst die Freunde sich die Mäuler darüber (und die feine Göttinger Gesellschaft scheint die Lichtenbergs zunächst geschnitten zu haben). »Lichtenberg hat den elendsten Schritt von der Welt gethan«, lästert der Altphilologe Heyne in einem Brief an Georg Forster, »und sich gleich am ersten Tag, da ihn sein Übel befiel sein Mensch [!] antrauen lassen.«

Nun, Lichtenberg hat sich noch einmal erholt, und lebt fortan recht glücklich mit seiner stetig wachsenden Familie, der die agile und rüstige Frau nun in allen lebenspraktischen Fragen vorstand. An seinen Schriftstellerfreund

Johann Gottwerth Müller schreibt er Jahre später: »Ich habe mich verheyrathet, und … sage … Ihnen, theuerster Freund, weiter nichts, als daß ich höchst glücklich und vergnügt lebe, vier Kinder um mich her laufen habe, die Gottlob alle sehr gesund sind, und mir, mit meinem vortrefflichen Weibe mein Leben so sehr versüßen, daß ich auf den Theil desselben, da ich verheyrathet hätte seyn können und es nicht war, als auf einen halb wilden Zu-

Margarete Elisabeth Lichtenberg, geb. Kellner (1768–1848). Im Besitz von Margarete Lichtenberg, Steinau b. Schlüchtern

stand zurückblicke. Dieses geht so weit, daß ich, so wie Cato ehemals seine Reden immer mit Carthaginem esse delendam schloß, ich meine Briefe an unverheyrathete Freunde immer mit uxorem esse ducendam schliesse.« Lichtenbergs lediger Freund Soemmering konnte ein Lied davon singen. Und die Göttinger Gelehrten haben sich wohl irgendwann auch daran gewöhnt, »das Mensch« nun mit »gnädige Frau Hofrätin« anreden zu müssen.
Karl Friedrich Justus Emil Ibell, der Sohn eines ehemaligen Studienfreundes Lichtenbergs, hat sie einmal im Kreise der Familie erlebt und ein ziemlich authentisches Porträt von ihr gezeichnet: »Die Frau Hofräthin ist ein ziemlich plumpes und gar nicht schönes, schon etliche und vierzig Jahre altes Geschöpf, die gern hochdeutsch sprechen möchte, aber immer noch plattdeutsch mit untermengt, scheint aber ein ziemlich gutes und sorgsames Hausmamachen zu sein, die sich gern ein wenig vor den Leuten sehen läßt u.s.w. Das Übrige des Porträts malen Sie selbst aus.«

L

Lichtenberg-Leser (I) – Elias Canetti Als 1968 Wolfgang Promies' Neuausgabe der *Schriften und Briefe* Lichtenbergs erschien, hat ihn auch Canetti wieder einmal studiert und sogleich in einem aphoristischen Porträt verewigt. In seinem Buch *Provinz des Menschen. Aufzeichnungen von 1942 – 1972* lesen wir als ersten Eintrag des Jahres 1968 folgende Zeilen:

Lichtenberg

… Seine Helligkeit: auch das Dunkelste wird hell, indem er es denkt. Er wirft Licht, er will treffen, aber nicht töten, kein mörderischer Geist … Er ist nicht mit sich zu-

frieden, weil ihm zuviel einfällt. Ein wimmelnder Geist, aber im Gewimmel ist immer Platz. Daß er nichts abrunden mag, daß er nichts zu Ende führt, ist sein und unser Glück: so hat er das reichste Buch der Weltliteratur geschrieben. Man möchte ihn immerzu für die Enthaltsamkeit umarmen … Er ist zu einzigartig, als daß man ihn beneiden könnte. Das Umständliche auch der größten Geister geht ihm so sehr ab, daß man ihn fast nicht für einen Menschen halten möchte.
Es ist wahr, daß er einen zu Sprüngen verführt. Aber wer ist ihrer fähig? Lichtenberg ist ein Floh mit dem Geist eines Menschen. Er hat diese unvergleichliche Kraft, von sich wegzuspringen, – wohin springt er als nächstes?

Was ist nun von diesem – freilich etwas gekürzten – Porträt zu halten?

Lichtenberg-Leser (II) – Arno Schmidt Auch Lichtenberg gehört zu Arno Schmidts »Schreckensmännern« der Aufklärung, den Präzeptoren und Sprechern des vierten Standes – Rousseau, Voltaire, Marat, Wezel, Voß, Moritz und einigen anderen. Bei ihnen erkennt er den eigenen Schreibimpetus wieder, sieht er die sich selbst zugedachte Rolle des Künstlers als Lehrer und Sachwalter des ungebildeten – und damit zur Artikulation seiner Interessen unfähigen – Volkes bereits paradigmatisch verwirklicht. Lichtenberg gehört insofern nicht in die vorderste Front, als Schmidt bei ihm offenbar keinen sonderlich ausgeprägten jakobinischen Impuls ausmachen kann. Als Aufklärer steht er aber in der gleichen guten Tradition und muß deshalb ein ums andere Mal als Gewährsmann herhalten. So beispielsweise im Wezel-Dialog *Belphegor oder Wie ich Euch hasse*. Der beginnt mit einer schneidenden Polemik gegen den christlichen Optimismus, wie er sich für Arno Schmidt vor allem in Leibniz' *Theodicee* manifestiert. Seit seinem Erstling *Leviathan oder Die beste der Welten*, der schon im Titel die sarkastische Desavouierung Leibnizscher Daseinsfreude ankündigt, ist die gallige Kritik am

gottgewollten »Weltmechanismus: Fressen und Geilheit. Wuchern und Ersticken« – und an dessen Beschönigung durch das Christentum – ein immer wiederkehrendes Motiv im Werk. So auch hier. Nachdem er genügend grausame und unappetitliche Beispiele angeführt hat, die das Diktum am Ende der Schöpfungsgeschichte »Und siehe: es war Alles gut ...« nur noch als zynischen Euphemismus erscheinen lassen, und nachdem er abermals den Schluß gezogen hat, der Mensch sei dazu verdammt, in einem Universum zu leben, *»das zumindest zur Hälfte Affenhaus ist und Folterkammer«*, wendet er sich an Lichtenberg, das Dargetane zu beglaubigen: »Für Hörer, die Alte Autoritäten brauchen: Lichtenberg! – *(Murmelnd wie Einer, der beim Schreiben in ein geheimstes Tagebuch mitspricht):* ›Zu untersuchen und zu lehren: inwieweit Gott aus der Welt erkannt werden kann. – *Sehr* wenig: *es könnte ein Stümper sein!*‹«
Abgesehen von der forcierten Interpunktion ein korrektes Sudelbuch-Zitat. In seiner General-Abrechnung mit dem Christentum, dem Pamphlet *Atheist?: Allerdings!*, wird er diesen Eintrag noch einmal präsentieren. Wiederum im Kontext einer Argumentation, die das »Wahnsinnsprinzip einer Welt, deren lebende Wesen dadurch existieren, daß sie einander auffressen«, von theologischer Schönrednerei zu befreien sucht. Zu Recht erkennt Schmidt in Lichtenberg einen seiner geistigen Ahnen, der fast zweihundert Jahre früher bereits den teleologischen Beweis eines grundgütigen, perfekten Schöpfergottes als absurd entlarvt: »Ich glaube kaum, daß es möglich sein wird zu erweisen, daß wir das Werk eines höchsten Wesens, und nicht vielmehr zum Zeitvertreib von einem sehr unvollkommenen sind zusammengesetzt worden.«
Dennoch, das metaphysische Bedürfnis bleibt – auch beim naturgemäß sehr viel entschiedeneren Atheisten Schmidt, der eben schon durch Schopenhauers Schule gegangen ist. In seinem Lewis-Carroll-Essay *Sylvie & Bruno* etwa muß er nach einer wiederum energisch geforderten Suspendierung jeglicher Transzendenz schließlich doch einräumen: »Ich bin mir übrigens auch in diesem Augenblick sicher,

daß ich unrecht habe – eine Schwächung meiner Position, die allerdings keine Stärkung derjenigen ... [des Theologen] bedeutet; vielmehr die, meinem geringen Gefühl nach, angemessenste Einstellung – allerorten in Bezug auf solche, mir wahrlich ›letzten Fragen‹.« Mit anderen Worten: Agnostizismus als einzige der unzureichenden Erkenntnisfähigkeit des Menschen adäquate Haltung. Dem hätte wohl auch Lichtenberg zugestimmt.

Daß diesen beiden Skeptikern in Sachen Metaphysik die orthodoxe Annahme, mit der Bibel halte man Gottes Wort in den Händen, dann nur noch töricht vorkommen kann, liegt auf der Hand. Schmidt schreibt dazu im besagten Atheismus-Aufsatz – zwei Lichtenberg-Notizen aus dem Sudelbuch J kontaminierend und sich damit einverleibend: »Die Theologen wollen mit Gewalt aus der Bibel ein Buch machen, worin kein Menschenverstand ist. Die Haare stehen einem zu Berge, wenn man bedenkt, was für Zeit und Mühe auf ihre Erklärung gewendet worden ist; und was war am Ende, nach Jahrtausenden, der jedem Unbefangenen von vornherein selbstverständliche Preis all der Bemühungen?: kein anderer als der: Die Bibel ist ein Buch, von Menschen geschrieben, wie alle Bücher. Von Menschen, die etwas anders waren als wir, weil sie unter etwas anderen Bedingungen lebten, die in manchen Stücken unverkünstelter waren als wir, dafür aber natürlicherweise auch sehr viel unwissender. Daß sie also ein normales Buch ist, worin manches Wahre und manches Falsche, manches Gute und manches Schlechte, enthalten ist. Je mehr eine Erklärung die Bibel zu einem ganz gewöhnlichen Buch macht, desto besser ist sie; und all das würde auch schon längst geschehen sein, wenn nicht unsere Erziehung, unsere unbändige Leichtgläubigkeit und die ›gegenwärtige Lage der Dinge‹ dem entgegen wären.«

Einige Worte werden ausgelassen, andere ergänzt, nur wenige ersetzt, ein Tempus und ein Modus wird verändert – und schon hat sich Schmidt die Einträge anverwandelt. Der Diebstahl ist längst bekannt. Schon Karlheinz Desch-

ner – der die Streitschrift zum ersten Mal in seiner Anthologie *Was halten Sie vom Christentum?* publizierte und somit auch als erster auf Schmidts Dreistigkeit reinfiel – hat seinen Unmut darüber geäußert. Dem allzu strengen und humorlosen Verdikt könnte man freilich entgegnen, daß Schmidt höchstselbst gegen Ende des Pamphlets weitere Lichtenberg-Lektüre verordnet und damit den Leser zur Entlarvung seiner plagiatorischen Niedertracht anhält. Halb ironisch fordert er da von der Gemeinschaft der Gläubigen die gleiche Toleranz gegenüber dem Atheisten, die diesem ohne Frage längst abverlangt werde: »Wer fragt danach, ob das ewige Glockenläuten, Beten und Choralen *meine* Ohren beleidigt?! Und ich bin hier nichts weniger als der Einzige: Man lese Lichtenberg nach.«
Hier hat er zwar nicht die beiden J-Einträge im Sinn, sondern einen anderen aus dem Sudelbuch H: »Was das Glockenläuten zur Ruhe der Verstorbenen beitragen mag, will ich nicht entscheiden; den Lebendigen ist es abscheulich.« Bei dem Versuch, die kryptische Anspielung aufzulösen, hätte man jedoch leicht auch auf sie stoßen können. Und damit basta.

Lichtenberg-Leser (III) – Peter Rühmkorf Am 2. Dezember 1990 fährt Rühmkorf nach Lausanne, um sich im »Château de Beaulieu« eine Ausstellung der »Art Brut« anzusehen, die ihn zum Schwärmen bringt. Die Exponate seien »zum verrücktwerden schön: halb atembeklemmend, halb zum Lachen«. »Wie weit das alles weg ist von den Heiraten à la Mode und den Stilmelangen à la documenta.« Wir nähern uns hier einem Leitmotiv in Rühmkorfs Tagebüchern *(Tabu I)*, das seine Lichtenberg-Rezeption offenbar maßgeblich beeinflußt hat: Aus dem Besuch der »Collection de l'Art Brut« zieht er die »zugleich bedrohliche und ermutigende Lehre«, »daß erst der Fall das Original macht und die krankhafte Abweichung von der Betriebsnorm einen ernstzunehmenden Individuationsgewinn« zeitige. Dieses poetologische Axiom personifiziert sich gleichsam in Lichtenberg. Rühmkorf sieht in ihm

vornehmlich den »Fall« (im doppelten Wortsinne), also das Paradigma des Künstlers, den die »krankhafte Abweichung« adelt, weil sie seine Wahrnehmung verändert, neue Perspektiven auf die Wirklichkeit eröffnet – und damit erst die Voraussetzungen schafft für so etwas wie Originalität: »Lekt: Horst Gravenkamp: *Geschichte eines elenden Körpers – Lichtenberg als Patient.* Die normale Verschontheitswelt, aus den verschrobenen Tiefen eines Kyphotikers betrachtet – und der Leser kriecht in sympathetischer Verbundenheit tief in den armen Buckel mit hinein.« Anschließend zitiert Rühmkorf als Beleg für die veränderte Perzeption Lichtenbergs einen Eintrag aus Sudelbuch J: »Das Schlimmste, daß ich in meiner Krankheit gar die Dinge nicht mehr denke und fühle ohne mich hauptsächlich mit zu fühlen. Ich bin mir in allem des Leidens bewußt, alles wird subjektiv bei mir, und zwar bezieht sich alles auf meine Empfindlichkeit und Krankheit. Ich sehe die ganze Welt als eine Maschine an, die da ist, um mich meine Krankheit und mein Leiden auf alle mögliche Weise fühlen zu machen. Ein pathologischer Egoist.«
Rühmkorfs Empathie ist die Empathie des Leidensgenossen. Analog beschreibt und stilisiert auch er sich als pathologischen »Fall«, der an Magersucht, Schlaflosigkeit, unter Verdauungsstörungen und Depressionen, auch bisweilen an Hypochondrie leidet und seine Beschwerden mit einer nachgerade horriblen Menge an Medikamenten zu lindern sucht. In zweifacher Weise wird Lichtenberg für den Patienten Rühmkorf zum Exempel und geistigen Gewährsmann – einmal als Schriftsteller, der seine Deformation fruchtbar macht und sie in Kunst überführt, zum anderen als Mensch, der sich ungeachtet seiner Defizite in der Gesellschaft zu behaupten weiß: »Lichtenberg als Überwinder: Aufhebung der Gebrechlichkeit durch den Witz, aber es ist nicht nur dies. Erst daß er die Schranken seiner Behinderung praktisch zu durchbrechen wagt und sein privates Glück gegen alle bürgerlichen Sittenregeln und Göttinger Anstandsnormen behauptet, macht ihn zu einem mutmachenden Beispiel, heißt zum positiven Hel-

den. Bemerkenswert, daß Krüppel ihre Mißbildung gern als inzidentell erworbene Schäden ausgeben, weil ein angeborner Höcker oder Klumpfuß für ehrenrührig gelten, siehe Byron, siehe Toulouse-Lautrec. Die ungeschickten Ammen, die das Kind im Säuglingsalter vom Wickeltisch fallen ließen: ein Ammenmärchen.«

Die Tatsache allerdings, daß Lichtenberg des camouflierenden Ammenmärchens nicht entraten konnte, zeigt im Gegenteil, wie sehr er sich eben doch den zeitüblichen Konventionen unterwarf, zumal in seiner unmittelbaren Umgebung. Aber Rühmkorf hat natürlich recht, wenn er annimmt, Lichtenberg habe sich trotz seiner Behinderung recht gut eingerichtet in der Welt.

Sublimierung und Sozialisation also, die Aufhebung der Krankheit sowohl in der Kunst als auch in der Gesellschaft, sichern Lichtenberg Rühmkorfs Wertschätzung. Dafür spricht noch eine andere Stelle: »Fast zuviel Mühe verwendet Gravenkamp auf den Versuch, L. vom Vorwurf der ›Hypochondrie‹ zu entlasten. Wer so sichtbar in seinem Bewegungsspielraum eingeengt und schließlich ganz ans Haus gefesselt ist, neigt zwangsläufig zu derartigen Selbstbeobachtungen/Selbstbehorchungen, und wenn dabei mehr als Gejammer herauskommt, ist das schon eine bedeutende Levitationsleistung. Interessanter noch als das ganze Introspektionswesen scheint mir freilich L.s schier ununterkriegbarer Lebensmut, sein geselliger Magnetismus, seine grandiose Mißachtung der bürgerlichen Anstandsregeln, seine Liebesfähigkeit und sein praktisches Vermögen, real existierende Liebschaften an sein Krankenbett zu locken.«

Zu einem solchen so entspannten wie couragierten Umgang mit dem Leiden ermannt sich Rühmkorf selbst immer wieder. »Man muß ein sachliches Verhältnis zu den eigenen Seufzern finden«, heißt es an einer Stelle. Ohne freilich die eigene Krankheit zu verleugnen, denn erst die Aberration bürgt für künstlerische Individualität. Kunst und Krankheit korrespondieren. Das führt uns Rühmkorf noch einmal mimetisch vor Augen, wenn er an exponierter Stelle des Tagebuchs einige Medikamente aufzählt, die ihm dann den ersehnten Schlaf verschaffen, und er dieses morbide Satzgefüge zum Klingen bringt, indem er es metrisch strukturiert (in Form von vier Anapästen): »Imeson, Noctamid, Adumbran und bis 10. 30 durch«.

Lichtenberg-Leser (IV) – Friedrich Schorlemmer
Pastor Schorlemmer ist ein grundguter Mensch und fühlt sich in gesteigertem Maße der Aufklärung verpflichtet. Irgendwann, es war nur eine Frage der Zeit, geriet auch er an Lichtenberg und machte sich so seine Gedanken über diesen verwandten Geist, der – so wie er – den Mut zum Denken aufbrachte und kein Feigenblatt vor den Mund nahm. Pastor Schorlemmer ist auch politisch sehr engagiert – liegt es da nicht nahe, daß er sich mit einem politisch brisanten Sudelbuch-Eintrag auseinandersetzt, der auf uns Heutige trotz seines hohen Alters immer noch bestechend aktuell und politisch brisant wirkt? In der Tat, das liegt nahe. Lichtenberg schreibt: »Eine Republik zu bauen aus den Materialien einer niedergerissenen Monarchie ist freilich ein schweres Problem. Es geht nicht, ohne bis erst jeder Stein anders gehauen ist, und dazu gehört Zeit.«
Trotz seiner dringenden Amtsgeschäfte nimmt sich Pastor Schorlemmer Zeit – und diesen schwierigen Aphorismus nach allen Regeln der Bibelexegese auseinander. Er schlägt eine »sehr deutsche« Lesart vor: »Wir haben eine zerbröselnde Diktatur niedergerissen. Nun wollen und sollen wir eine Demokratie bauen, im Zeitraffer. Es geht nicht. Ein schweres Problem, freilich, bis jeder Stein anders gehauen ist. Wer behaut welchen Stein für welche neue Position? Was muß auf die Müllhalde? Vieles läßt sich nicht behauen: es ist aus Beton, fadenrissige Städte – Mauer – Megalomanie ... Die Materialien, das sind umgekrempelte Menschen, Städte, Landschaften, pervertierte Ideen, verkrustete Strukturen, ver-rückte Mentalitäten, ent-täuschte Erwartungen. Plötzlich soll alles nicht nur anders, sondern gar besser werden.«

Ja, lieber Leser, jetzt fragen Sie sich sicher: Was wollen und sollen uns diese Zeilen? Nun, wir können und dürfen sie verstehen, sogar in Zeitraffer. Es geht. Kein Problem, freilich. Aber mal ehrlich, könnten diese Hohlsteine aus dem politischen Phrasenbaukasten nicht ebensogut auf die Müllhalde? Fadenrissige Ideen, pervertierte Landschaften, umgekrempeltes Beton, verkrustete Menschen – Mauer in den Köpfen? Verbale Megalomanie und nichts dahinter. Anders gefragt: Haben Sie nicht auch gute Lust, an dieser Stelle ein-fach ab-zu-brechen, bei einer so gänzlich bekloppten Interpretation? Oder glauben Sie vielleicht, daß die weiter unten nicht nur anders, sondern gar besser wird?

M

Magnetismus, animalischer Da war die Gesellschaft der Aufgeklärten aber von der Rolle – als Franz Anton Mesmer und seine Mesmeristen mit Hilfe magnetischer Stäbe und dann durch bloßes Handauflegen oder Streicheln Krankheiten heilen zu können vermeinten – und auch gleich lauthals mit ihren therapeutischen Erfolgen prahlten. Die schnelle Eingreiftruppe in Gestalt einer Untersuchungskommission der Akademie der Wissenschaften zu Paris, an der Spitze der erklärte Fachmann in Elektrizitätsfragen, Benjamin Franklin, untersuchte geschwind – und kam zu dem durchaus erwartbaren Ergebnis, »daß die Wirkung des tierischen Magnetismus auf Betrug, Täuschung, überspannter Einbildung und erhitztem Geschlechtstrieb« beruhe.

Letzteren nahm auch Lichtenberg an, und nicht nur bei den Patienten, sondern bei den Wunderdoktoren selbst. »Jungfern Betaster«, allesamt. Einen dieser vermeintlich lüsternen Gesellen hat er sich dann im 1790er Taschenkalender-Artikel *Lieutenant Greatraks* vorgeknöpft: »Valentin Greatraks, vulgo der *irländische Streicheldoktor*, auch der *irländische Streichler.*« Lichtenberg entlarvt den ehemaligen Soldaten – mit ein paar Zitaten aus dessen Werken – als armen verwirrten Schwärmer, der eine orthodox-christliche, mithin falsche Erziehung genossen hat und dem plötzlich eines schönen Sonntagmorgens nach Ostern eine innere Stimme sagt, der liebe Gott habe ihm die Gabe verliehen, Krankheiten zu heilen. Lichtenberg: »Nun fing er an zu heilen und nicht zu heilen, so wie es kam. Zuweilen gelang es ihm geschwind, zuweilen gar nicht, ob er gleich fast 4 Wochen streichelte ... Er heilte Kröpfe durch Berührung, und wenn das nicht helfen wollte, durch Ausschneiden. Dabei war er von Anstand ... Auch war er, wie die Zeugnisse sagen, ein guter, aufrichtiger Mann. Solche Männer sind gefährliche *Streichler* für eine gewisse Klasse von Menschen, oder auch, wenn man will, heilsame, je nachdem die Sache steht; zumal wenn sie Soldaten sind, oder waren; letzteres freilich nur bei anerkanntem Kredit, daß sie den Dienst nicht aus Mangel an Bravour verlassen haben. So etwas würde die Streichelkräfte sehr vermindern. Aber ein solcher Vorwurf konnte auch Hrn. Greatraks unmöglich treffen, da sein ganzes Regiment reduziert wurde.« Kurzum, Lichtenberg kann sich sehr wohl vorstellen, daß die Streicheleinheiten dieses strammen Leutnants der einen oder andern Mamsell wie eine wunderbare (und so gar nicht »bittere«) »Medizin« vorgekommen sein muß.

Leider hält Lichtenberg die Satire nicht durch. Er redet seinem Kalender-Publikum schließlich doch noch ernsthaft ins Gewissen, solchen Scharlatanerien bloß keinen Glauben zu schenken, und bietet statt dessen eine psychologische Erklärung an (wie schon die Pariser Untersuchungskommission): »Sollte nicht ... öfters Heilung durch Einbildungskraft entstehen, so wie durch Freude, oder wie der Kallus [die Schwiele] an dem oft geriebenen Fleck der Hand entsteht? Und dann – der Glaube, der Glaube an untrügliche Hilfe, zumal bei Übeln, wo keine innere Verletzung ist! O! der geht über alles!« Vorher aber blitzt es noch einmal ironisch auf: »Was Streicheln überhaupt zu tun vermag, hier erläutert zu sehen, erwartet niemand, und es muß unterbleiben.«

Dummerweise können wir den Artikel nicht mit diesem Satz beenden. Denn in einem an seinen Freund Blumenbach gerichteten Briefentwurf (vom Oktober 1787) nimmt er das Phänomen des tierischen Magnetismus doch sehr viel ernster, als es hier den Anschein macht (möglicherweise hat er ihn eben deshalb nicht abgeschickt – um nicht in den Ruch eines Magnetismus-Apologeten zu kommen): »Daß unter unsern Magnetiseurs Schuffte sind wie Cagliostro, das glaube ich hertzlich gerne. – Aber alles kan ich doch nicht so schlechtweg verwerfen.« Eine genaue und kritische Untersuchung könnte vielleicht »Dinge an den Tag« bringen, »die noch nicht ganz entwickelt sind ... Solte es auch weiter nichts seyn als etwas bestimmter über die Würckungen der Einbildungskrafft reden zu können.« Spott sei jedenfalls das völlig Falsche, der werde höchstens »Furcht erwecken, und die Mamsel-Seelen werden nun durch eben die Anlage, die sie so empfindlich machte, (unserer Philosophie entgegen), nunmehr unserer Hochgebohrnen Weißheit gemäß künfftig das Maul halten«.

Zwei Jahre später gehört er selbst zu den – wenn auch moderaten – Spöttern. Hier überwiegt noch das wissenschaftliche Interesse an der besonderen psychischen Gestimmtheit, an der Hypersensibilität jener »Mamsel-Seelen«. Er hat's sich nur nicht zu sagen getraut, vielleicht aus Angst, sich vorm gestrengen Blumenbach zu blamieren.

Methyologie Lichtenberg führt billige Klage im Sudelbuch: »Man hat so viele Anweisungen, den Wein recht zu bauen, und noch keine, ihn recht zu trinken.« Fürwahr. Dabei, und wir müssen ihm abermals zustimmen, gibt es »wenig Dinge in der Welt, die eines Philosophen so würdig sind, als die Flasche«, die durch die »Gurgel eines Liebhabers oder eines Dichters fließt«. Wenn uns doch nur ein

Schriftsteller wie Laurence Sterne die »Naturgeschichte des Rausches, so wie ihn der Dichter, der Philosoph und der Liebhaber betrachtet, beschrieben hätte«! Die hätten denn auch wir gerne gelesen!
Um diesem dringenden philosophischen Desiderat abzuhelfen, beschäftigt sich Lichtenberg Anfang der 70er Jahre durchaus ernsthaft satirisch und nicht ohne Engagement mit der Kunst des Trinkens (selbstverständlich auf einer breiten empirisch-experimentellen Grundlage). Seine Notizen, Gedankensplitter und Assoziationen zielen auf eine veritable Sauf- und Rauschlehre – die »Methyologie« (von griechisch »methýein«, »berauscht sein«) oder auch »Pinik« (von griechisch »pínein«, »trinken«), wie er diese neue Profession süffig tauft.
Zunächst einmal skizziert Lichtenberg die Konstitution des idealen Trinkers. Wie sollte der nun seiner Ansicht nach beschaffen sein? Vor allem aufgeschlossen und gutmütig: Denn der Wein »wächst nur gut unter dem Schutz eines sanften Himmels«, »ähnliche Seelen« also »müssen diejenigen haben, die ihn am besten trinken«. Dagegen wäre derjenige, »der mehr als eine Bouteille trinkt, ohne entweder französisch, oder von seinem Mädchen zu sprechen, ohne mich seiner Freundschaft zu versichern, ohne zu singen, ohne irgend ein kleines Geheimnis zu verraten«, besser beim Wasser geblieben; ebenso jener Zecher, »der beim vierten Glas mich hitzig fragt, ob ich ihn nicht für einen braven Kerl halte, alle kleinen Scherze krittlich abwägt, kurz der Unglückliche, der beim Wein immer Schläge haben will, und sehr oft auch bekommt«.
Wir merken schon, hier spricht ein Verstandes-Trinker. Von den ordinären »6-Batzen-Wein-Gelagen« will er nichts wissen. Und auch die – als Virilitätsbeweis – immer gern zur Schau gestellte Kondition, das quantitative Fassungsvermögen mithin, ist kein Maßstab für den wahren Methyologen: »Aber der Herr P. kann recht trinken, sagte neulich jemand zu mir, erst zwo Bouteillen Wein und dann 12 Gläser Punsch. Was will er damit? Wenn ich ihn anders recht verstehe, so dünkt mich ich könnte alles viel

geschwinder tun, was Herr P... tut, wenn ich mir eine Pistole vor den Kopf schösse.«

Hier fehlt die Poesie. Was Herr P. betreibt, ist bloße physische Leistungsschau. Indessen gibt es »eine Art Wein zu trinken, die sich zu der gewöhnlichen niedrigen, die der Deutsche mit Saufen bezeichnet, eben so verhält, wie die platonische Liebe zu der tierischen«. Das eben ist »ächte Pinik«. Der philosophische Trinker verachtet den »Rausch des Fuhrmanns und des Tambours«, weil er erkannt hat, daß die Trinkerei über den rein »mechanischen« hinaus auch einen »dichterischen Teil« vorweisen kann – ja, wenn man sie als Kunst ernst nehmen will, vorweisen können muß. »Trinken«, so definiert Lichtenberg denn auch im Sudelbuch sehr dichterisch, »heiße ich mit offenen Sinnen und zur guten Stunde einen Zug tun der mit einer solchen Zauberkraft auf unser Innerstes auffällt und alle Seelenkräfte zu einem Freudenfeste versammelt bei dem die strengste Vernunft Feier-Abend macht.« Und den Rausch bezeichnet er entsprechend als einen »Zustand sanfter Empfindlichkeit, in welchem jedem äußern Eindruck neue unaussprechliche Gedanken korrespondieren«.

Neue unaussprechliche Gedanken! Damit deutet Lichtenberg bereits an, welche positiven Eigenschaften die geistigen Getränke für den professionellen Methyologen besitzen. Sie sind der Vorschlaghammer, mit dem sich das enge Mauerwerk des Alltagsbewußtseins einschlagen und ein Weg ins Offene bahnen läßt: »Es schadet bei manchen Untersuchungen nicht, sie erst bei einem Räuschchen durchzudenken und dabei aufzuschreiben ... Eine kleine Erhebung durch Wein ist den Sprüngen der Erfündung und dem Ausdruck günstig.« Zudem wirken Alkoholika überaus stimulierend, stärken die kombinatorischen Fähigkeiten und können sogar dem Gedächtnis auf die Sprünge helfen: »Man muß zuweilen trinken, um den Ideen, die in eines Gehirn liegen, ... mehr Geschwindigkeit zu geben, und die alten Falten wieder her vor zu rufen.«

Über diese wichtige Aufgabe als kognitive Krücke hinaus übernimmt der Rausch aber allemal auch therapeutische und soziale Funktionen. Unaufdringlich, besonnen und voller Demut beschreibt Lichtenberg den wohltuend-palliativen Effekt eines »vernünftigen« Rausches: »Trinken, wenn es nicht vor dem fünf und dreißigsten Jahre geschieht, ist nicht so sehr zu tadlen, als sich viele von meinen Lesern vorstellen werden. Dieses ist ohngefähr die Zeit, da der Mensch aus den Irrgängen seines Lebens heraus auf die Ebene tritt in welcher er seine künftige Bahn von nun an offen vor sich hinlaufen sieht. Er ist betrübt, wenn er alsdann erst sieht, daß es die rechte nicht ist, eine andre zu suchen, wenn er nicht sehr gut zu Fuß ist, ist gemeiniglich zu spät. Ist diese Entdeckung mit einer Unruhe verknüpft, so hat man durch die Erfahrung befunden, daß der Wein zuweilen Wunder tut, fünf bis sechs Gläser« geben »nun dem Menschen die Lage die er verfehlt hat, das Gesinnungen-System findet alles Äußere mit seinem angenehmsten Stande harmonisch, wo Prospekte verbaut sind, da reißt die Seele ein, und überall schafft sie sich die schönste Perspektive, von dem reinsten rosafarbenen Lichte erhellt, oder dem erquickendsten Grün das nur ein Auge zur Stärkung und eine Seele zur angenehmsten Füllung verlangen kann.«

So wird die »Pinik« zum Bestandteil einer heiteren Lebensphilosophie, die selbst der Existenz im Mittelmaß noch angenehme Seiten abgewinnen kann. Nämlich durch »den Genuß seines eignen Selbst, wodurch der philosophische Trinker ... Taten aufwiegt, wovon der Ruf durch Jahrtausende durchhallt«.

Wie so oft sind Lichtenbergs Gedanken auch auf diesem Felde der Ehre fragmentarisch, vorläufig und unsystematisch. Eine wirklich schlüssige »Lehre« läßt sich kaum aus ihnen zusammensetzen. Weil er aber weiß, »wie bald man mit einer Wissenschaft fertig ist, wenn man einmal die Kunstwörter weg hat«, gibt er seinen Landsleuten immerhin ein »herrliches Hülfsmittel in die Hände« – eine Sammlung von »Redens-Arten, womit die Deutschen die

Trunkenheit einer Person andeuten«, gleichsam als *Patriotischen Beitrag zur Methyologie der Deutschen*. Eine sehr verdienstvolle Sammlung. Hier hat man mal in schöner Vollständigkeit zusammengestellt, was die hoch- und niederdeutsche Sprache zum Thema Rausch zu sagen hat: Von »Er sah Schleifkannen am Himmel« über »He is so dicke as en Swin« bis »He is so stramm as en Trummel« – alles da.

Mondkrater Eine Hand wäscht die andere, so ist das nun mal in der Wissenschaft, selbst in der »harten«, »exakten«. In dem Artikel *Einige Neuigkeiten vom Himmel* des *Göttinger Taschen Calenders* auf das Jahr 1792 schwärmt Lichtenberg von den neuen Mondbeobachtungen und -vermessungen seines Brieffreundes Johann Hieronymus Schroeter, die der Astronom von seiner Lilienthaler Sternwarte aus vorgenommen und im Jahr zuvor hatte drucken lassen. Lichtenbergs *Calender* war beliebt, bis zu 4000 Exemplare setzte sein Verleger Dieterich von jedem einzelnen ab, und die kleinen Büchelchen gingen durch viele Hände. Ein Lob aus solchem Munde und an dieser prominenten Stelle konnte mithin den Ruhm eines Forschers in der breiteren Öffentlichkeit schon zu mehren helfen. Da wollte sich Schroeter natürlich nicht lumpen lassen. Lichtenbergs Ansehen zu Lebzeiten ließ sich nun zwar nicht mehr sonderlich steigern, aber für den Nachruhm konnte er immerhin sorgen. So bezeichnet er im zweiten Teil seiner *Selenotopographischen Fragmente* von 1802 eine neues »schönes Ringgebirge«, das er just auf dem Mond entdeckt hatte, »mit dem unvergeßlichen Nahmen unseres viel zu früh verewigten großen Naturforschers Lichtenberg«. Quitt.

Aber gleich ein ganzes gewaltiges Ringgebirge für den wohl doch eher kleinen Astronomen Lichtenberg, der sich zumal in der Selenologie – von der Edition der Mondkarte Tobias Mayers einmal abgesehen – nun nicht sonderlich hervorgetan hatte? Das schien der nachfolgenden Astronomengeneration denn doch etwas übertrieben – und zu-

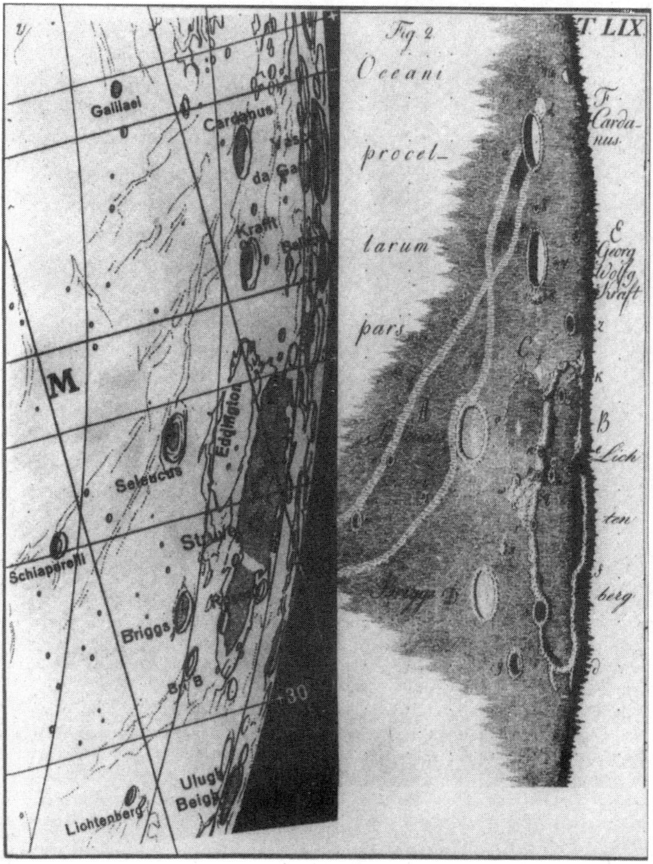

Aus: Joost/Oettermann/Spiegel: Georg Christoph Lichtenberg 1742–1799. Wagnis der Aufklärung, München/Wien 1992, S. 407

viel der Freundschaftspflicht. Lichtenberg wurde kurzerhand degradiert, seit 1837 trägt nur mehr ein kleinerer Krater von etwa 20 km Durchmesser seinen Namen (s. Abb.: die rechte Hälfte zeigt die repräsentative Schroetersche Mondkarte von 1802, die linke Seite eine moderne Karte mit dem entwürdigend kleinen Krater Lichtenberg am unteren Bildrand!).

Motti Der Verfasser konnte – und wollte – sich angesichts der Fülle der in Frage kommenden Vorsprüche, die natürlich allesamt aus Lichtenbergs Sudelbüchern geschöpft wurden, nicht entscheiden. Mögest also Du, geneigter Leser, wenn Du nach der Lektüre noch Lust dazu hast, den Dir am ehesten passend erscheinenden Aphorismus aus der nun folgenden Liste heraussuchen – und oben auf Seite 5 an den eigens dafür vorgesehenen Ort handschriftlich eintragen:

Ein Buch ist ein Spiegel, wenn ein Affe hineinguckt, so kann freilich kein Apostel heraus sehen.

Einer von den Neger-Sklaven in den Plantagen der Literatur.

Heutzutage haben wir schon Bücher von Büchern und Beschreibungen von Beschreibungen.

Himmel laß mich nur kein Buch von Büchern schreiben.

Wer zwei Paar Hosen hat, mache eins zu Geld und schaffe sich dieses Buch an.

Seine Bücher waren alle sehr nett, sie hatten auch sonst wenig zu tun.

Er schreibt, daß selbst den Engeln der Verstand stille steht.

Viel Federkauens wollen wir gewiß nicht machen.

Das Flüchtige oder die Wörterbücher-Gelehrsamkeit, die sich in ernsthaften Schriften so übel ausnimmt, und den Kenner anstinkt, ist die wahre Würze witziger Schriften wo es eine güldene Regel bleibt, daß man alles so zu sagen sucht, als wüßte man hundertmal mehr …

Schreibt man denn Bücher bloß zum Lesen? oder nicht auch zum Unterlegen in die Haushaltung?

[A.] Der Mann machte sehr viel Wind. B. O nein! wenn es noch Wind gewesen wäre, es war aber mehr ein wehendes Vakuum.

Das heißt recht Eulen nach Athen oder Compendia nach Göttingen tragen.

Es sind zuverlässig in Deutschland mehr Schriftsteller, als alle vier Weltteile überhaupt zu ihrer Wohlfahrt nötig haben.

Das Buch muß erst ausgedroschen werden.

Sie lesen nur und sehen nicht und trinken Hühnerbrühe.

Arschwische mit Motto's.

(Nun? Hast Du Dich entschieden, verehrungswürdiger Freund? Dann aber geschwind die Seite 5 aufgeschlagen und die schönste Notiz dort fein leserlich, gleichsam in Sonntags-Ausgeh-Schrift, eingetragen!)

N

Neger Der Schwarze hat keinen guten Leumund im 18. Jahrhundert – ausgenommen vielleicht, wenn er im Motiv des »edlen Wilden« literarisch wiederaufersteht. Sonst aber sind sie allgegenwärtig, die Vorurteile und Schauermärchen, selbst im vermeintlich »aufgeklärten« Teil Europas, in der »Gelehrtenrepublik«. Auch einer ihrer vornehmsten Bürger, Voltaire mit Namen, hat sich gelegentlich und dann nicht ohne Verve an den Diffamierungen beteiligt. *Die* Kaderschmiede der Aufklärung in Deutschland, die Universität Göttingen, ist da selbstverständlich auf der Höhe der Zeit. Hier treibt der hochgelahrte Vielschreiber und Professor für Weltweisheit Christoph Meiners sein publizistisches Unwesen und sorgt dafür, daß in dem sich gerade konstituierenden Fach der Völkerkunde alles ordentlich treudeutsch zugeht. Mit anderen Worten, Meiners erarbeitet eine Rassentypologie des Menschengeschlechts und bestimmt dabei den Wert einer jeden Rasse gleich mit. Zwei Hauptstämme glaubt er erkannt zu haben, die dunkelhäutigen minderwertigen »Mongolischen« – darunter subsumiert er alle farbigen Völker, also auch Neger und Indianer – und die hellhäutigen »Kaukasischen Nationen«. Die höherstehenden kaukasischen Nationen wiederum unterteilt er in »Slavische« und »Celtische Völker«, wobei die letzteren – und von diesen »vorzüglich die Germanischen« – die Spitze der Hierarchie bilden: da sie »selbst im Zustand der Barbarei höhere, schlankere, mächtigere, und schönere Cörper, als alle übrigen Völker der Erde hatten, eine blendend weisse Haut, blonde lockige Haare, und blaue Augen; Muth und Freyheitsliebe, wie sie sich nie unter andern Nationen finden; unerschöpfliche Erfindungskraft, und eine unbeschränkte Anlage zu allen Künsten und Wissenschafften; zartes Mitgefühl mit den Freuden und Leiden anderer

Menschen, und alle daher entspringende sittliche Empfindungen und Triebe«. Und selbstverständlich, als hätten wir es geahnt, sieht er »alle Vorzüge der Menschennatur in keiner Celtischen Nation in höherem Grade, als in den Teutschen vereinigt«.

Infam ist nun aber nicht allein die von Eurozentrismus und übertriebenem Patriotismus geleitete Abwertung einzelner Menschenrassen; Meiners glaubt ferner aus der diagnostizierten Minderwertigkeit einen niedrigeren Rechtsstatus ableiten und damit sowohl die Unterdrückung der Juden als auch die Versklavung der Schwarzen legitimieren zu dürfen. Entschieden widerspricht er der naturrechtlichen Maxime, »daß alle Menschen gleich geboren werden, und also auch gleiche ursprüngliche Rechte und Pflichten« beanspruchen dürfen. Wer »weniger geben, und weniger leisten kann, als andere, der kann ohne Ungerechtigkeit nicht so viel fordern, als diese«. Und für Meiners steht es zweifelsfrei fest, daß Juden und Neger »weniger leisten« – schließlich hat er Berge von Belegstellen angehäuft, die dies beweisen. Solche zum Beispiel: »Die Neger aus dem Innersten von Afrika sind fast ohne Ausnahme Menschenfresser, haben ein fürchterlich tigerartiges kaum menschliches Ansehen, und spitzige, oder zackigte Zähne, die wie Fuchs-Scheeren, oder das Gebiß von Füchsen in einander schliessen. Manche von diesen sind so unbändig, und gierig nach Menschen-Fleisch, daß sie ihren Nachbaren und Mit-Sclaven grosse Stücke aus Armen, oder Beinen beissen, und hinunter schlucken.«

Bis Mitte der 80er Jahre war Lichtenberg mit Meiners recht gut befreundet, später kühlte sich das Verhältnis doch stark ab, eben weil letzterer bogenweise solchen grandiosen Blödsinn aus vermeintlichen Reisebeschreibungen zusammenstoppelte. Dabei hatte Lichtenberg schon in seiner Streitschrift *Über Physiognomik; wider die Physiognomen* von 1778 zur Vorsicht gemahnt, man möge bloß nicht alles glauben, was »uns Krämer und unphilosophische Reisebeschreiber« über die Neger berichten: »Das ruhige Durchschauen durch verjährte Vorurteile; die Scharfsichtigkeit durch das verwilderte Gebüsch den graden Stamm zu erkennen; die philosophische Selbstverleugnung, zu gestehen man habe nichts Wunderbares gesehen, wo alles von Wundern wimmeln soll, und die von Durst nach lauterer Wahrheit und von Menschenliebe begleitete Unparteilichkeit ohne Menschenfurcht, ist ein kostbarer Apparatus, der selten mit an Bord genommen wird, wenn man nach entfernten Ländern segelt.«

In der Physiognomik-Schrift begegnet dementsprechend ein gänzlich anderes, menschenfreundliches und vor allem von den üblichen Stereotypen gereinigtes Bild des Farbigen: »Ich will nur etwas weniges für den Neger sagen, dessen Profil man recht zum Ideal von Dummheit und Hartnäckigkeit und gleichsam zur Asymptote der Europäischen Dummheits- und Bosheits-Linie ausgestochen hat.« Lichtenberg ist da anderer Ansicht: »Wenn sie jung in gute Hände kommen, wo sie geachtet werden, wie Menschen, so werden sie auch Menschen; ich habe sie bei Buchhändlern in London über Büchertitul sogar mit Zusammenhang plaudern hören, und mehr fürwahr verlangt man ja kaum in Deutschland von einem Bel-Esprit. Sie sind äußerst listig, dabei entschlossen und zu manchen Künsten außerordentlich aufgelegt ...« Auch die so oft gehörte Klage über die vermeintliche Hinterhältigkeit der Neger erscheint ihm nicht recht gegründet: »Gegen ihre Westindischen Schinder [also die auf den mittelamerikanischen Inseln] sind sie nicht treulos, denn sie haben ihren Schindern keine Treue versprochen. Der weiße dünnlippige Zuckerkrämer ist der Nichtswürdige im Handel. Jeder brave Deutsche, mit dem sein Nebenmensch gleichen Viehhandel treiben wollte, würde gleiche Unbiegsamkeit beweisen.«

Lichtenberg spricht es nicht aus, aber es wird auch so deutlich, was er denkt: Der gut florierende Sklavenhandel in den europäischen Kolonien ist ein moralisches Verbrechen. Keineswegs selbstverständlich so ein Urteil, wie gesagt. Noch mehr Galle hat er einige Jahre zuvor im Sudelbuch verspritzt. Satirisch-elegisch umkreist er da einen

»Neger-Embryo in Spiritus«: »Kind wie glücklich bist du, schon so früh an dem Ziel, das Tausende deiner Brüder unter blutigen Striemen, unter Leiden ohne Zahl erst erreichen. / Armer Kleiner, wie glücklich bist du, die Ruhe die du genießest müssen sich Tausende deiner unglückseligen Brüder mit Blut unter der Geißel nichtswürdiger Krämer erkaufen. Nichts, nichts hast du an dieser Welt verloren, wo deine Rechte verkauft sind, und wo dein Herr ein Krämer gewesen wäre. Auch für ihn wäre es besser gewesen, der deine Kette schon bereit hielt, er hätte wie du den Tag nicht gesehen.«

Leider hat er diesen Hieb gegen die nichtswürdigen Menschenhändler nicht veröffentlicht. Statt dessen, und das ist nun wiederum sehr merkwürdig, publiziert er einige Jahre später, im *Göttinger Taschen Calender* vom Jahr 1782, einen Artikel *Vom Neger-Handel*, in dem er zwar die Sklaverei weiterhin als unmenschlich ablehnt, aber andererseits auch die negerfeindliche Perspektive der Zeit einnimmt. Alle Neger seien ohnehin Sklaven ihrer Fürsten und würden von diesen willkürlich gemeuchelt oder gegen Branntwein verkauft: »Überhaupt sind die Grausamkeiten, womit die Neger gegen einander wüten, über alle Beschreibung, sie unterscheiden sich darin von allen bekannten Wilden ...« Und zur Illustration dürfen dann auf einmal auch die obskuren Geschichtchen nicht mehr fehlen, die er in der Anti-Physiognomik noch überaus skeptisch beäugt hatte: »An dem Tage, wenn sich der König von Benin seinen Unterthanen zeigt, welches alle Jahr einmal geschieht, werden ihm zu Ehren 10 bis 12 Sklaven geschlachtet.« Etc.

Wie kommt nun dieser Sinneswandel? Lichtenberg gibt vor, eine Schrift Matthias Christian Sprengels, eines Göttinger Historikers, ausgewertet zu haben. Ging hier etwa auch bei ihm das Gelesene »aus einem Buch *neben dem Kopf vorbei* in ein anderes«, wie er es den Kompilatoren vorwarf? Oder stammt der Artikel gar nicht von Lichtenberg? Hat ihn am Ende gar Christoph Meiners verfaßt, auf den er 1781/82 noch gut zu sprechen war? Dann stellt sich allerdings die Frage, warum er einen Aufsatz drucken läßt – noch dazu unsigniert –, der seinen Überzeugungen so widerspricht. Fragen über Fragen. Wer kann hier weiterhelfen?

Noctes Also Nächte. So nennt Lichtenberg ein lange unbekannt gebliebenes Sudelbuch, das vor einigen Jahren Ulrich Joost skrupulös entziffert und zum Druck befördert hat. Ein veritables Nachtschrankheftchen, wie der Titel insinuiert. Eigentlich nicht weiter verwunderlich, daß ein manischer Selbstbeobachter, der von sich selbst sagt: »Ich habe oft die (eine) Meinung, wenn ich liege und eine andere wenn ich stehe«, daß ein Lichtenberg also auch im Bett nicht aufhört, sich Notizen zu machen. Eben weil ihm auch die Nachtgedanken durch die Bücher gehen sollen, der »Thesaurus somniorum«, die Schatzkammer des Halbschlafes und Traumes, recht ordentlich geplündert werden will.
Lichtenberg ist noch kein Romantiker, aber er maß der Bewußtseinsdämmerung und dem Schlaf, jener Sphäre also, wo sich die Vernunft zur Ruhe bettet – und dann bisweilen wohl auch schon mal Ungeheuer gebiert –, weitaus mehr Bedeutung zu als die Aufklärer strikter Observanz. »O wie oft habe ich in der Nacht gebeichtet«, bekennt er dem Sudelbuch, »in der Hoffnung, daß sie mich absolvieren würde, und sie hat mich nicht absolviert!« Hier zeigt sich jedoch auch – wenn wir die Notiz metaphorisch lesen dürfen – Lichtenbergs Reserve: Das Irrationale entwickelt bei ihm keine erlösende Wirkung (die Nacht hat ihn eben nicht absolviert). Wie gesagt, Lichtenberg ist noch kein Romantiker.
Nun gibt das *Noctes*-Notizbuch aber einigen Aufschluß über die Organisation seines Gedankenhaushalts. Es setzt gewissermaßen das in die Tat um, was er in einem bekannten Eintrag aus Sudelbuch E programmatisch formuliert: »Die Kaufleute haben ihr Waste book (Sudelbuch, Klitterbuch, glaube ich im Deutschen), darin tragen sie von Tag zu Tag alles ein was sie verkaufen und kaufen, alles durch-

einander ohne Ordnung, aus diesem wird es in das Journal getragen, wo alles mehr systematisch steht, und endlich kommt es in den Leidger at double entrance ... Dieses verdient von den Gelehrten nachgeahmt zu werden. Erst ein Buch worin ich alles einschreibe, so wie ich es sehe oder wie es mir meine Gedanken eingeben, alsdann kann dieses wieder in ein anderes getragen werden, wo die Materien mehr abgesondert und geordnet sind, und der Leidger könnte dann die Verbindung und die daraus fließende Erläuterung der Sache in einem ordentlichen Ausdruck enthalten.« Genauso hat Lichtenberg gearbeitet. Was er in *Noctes*, die erste Station der schriftlichen Fixierung, mithin das eigentliche »Sudelbuch«, kritzelt, das taucht dann teilweise wieder auf im Notizbuch L (und einiges andere daraus müßte dann auch im verschollenen Buch K wieder auftauchen – wenn das wieder auftaucht). Die später von ihrem Herausgeber Wolfgang Promies so genannten Sudelbücher sind also eher das, was Lichtenberg unter »Journal« versteht – zumindest L und K. Hier hat er bereits »die Materien mehr abgesondert und geordnet«. Aber wie auch immer man seine Waste books im einzelnen nennen will, es zeigt sich immerhin, Lichtenberg hat seine gelehrte Buchführung recht ernst genommen: »Schmierbuch-Methode bestens zu empfehlen. Keine Wendung, keinen Ausdruck unaufgeschrieben zu lassen. Reichtum erwirbt man sich auch durch Ersparung der Pfennigs-Wahrheiten.«

O

Onanie Für einen sinnenfrohen Sensualisten wie Lichtenberg, der alle seine sexuellen Aktivitäten peinlich genau registriert und bisweilen dann auch noch benotet, gehört die Selbstbefleckung nun nicht gerade zu den Kardinalsünden, wie sich denken läßt. Aber er zeigt sich denn

doch immer noch zu sehr der kreuzbürgerlichen Aufklärungs-Ideologie verpflichtet, als daß er die vernünftelnden Warnungen vor den Gefahren einer zügellosen Masturbationpraxis so einfach in den Wind schlagen könnte. Beim Blättern in politischen Journalen, die nur leeres »Geschwätz« und unnützes »Ministerial-Gezänk zweier Staaten von denen mich keiner etwas angeht« zu bieten haben, kommt ihm folgender Gedanke: »Es wird gewiß von unsrer Jugend jetzt zu viel gelesen, und man sollte gegen das Lesen schreiben, wie gegen Selbstbefleckung, nämlich gegen eine gewisse Art von Lektüre. Es ist angenehm aber so schädlich als immer das Branntweintrinken.«
Es ist wohl vor allem die Maßlosigkeit, bei der Lektüre ebenso wie bei der sexuellen Triebabfuhr, die Lichtenberg etwas bedenklich dünkt. Aber wenn man weiß, daß er es trotz allem zu einem recht erklecklichen Branntweintrinker gebracht hat, relativiert sich die Besorgnis auch wieder. Maßlosigkeit in einem etwas anderen Sinne jedenfalls legte zehn Jahre zuvor Lichtenbergs Erzfeind Johann Georg Zimmermann an den Tag, jener Lavater-Adept, der den ↑Physiognomik-Streit durch seine Ranküne recht eigentlich erst in Schwung brachte. Und auch sie wurde von Lichtenberg äußerst kritisch beäugt. In seinem Hausorgan, dem *Deutschen Museum*, schrieb Zimmermann anno 1778 eine eindringliche *Warnung an Eltern, Erzieher und Kinderfreunde wegen der Selbstbefleckung, zumal bei ganz jungen Mädchen:* »Durch keine Krankheit verblühet die Schönheit geschwinder; nichts nimmt der Jugend das frische Ansehen und jeder Freude des Lebens ihre Süßigkeit so schnell hinweg; daher kommt so oft beim jungen Frauenzimmer das Kränkeln ohne Krankheit; hier liegt so oft der Grund jener Schwäche, die vor und nach der Heirat eine von vielen Ursachen der Nervenkrankheiten wird.«
Das ist so ziemlich communis opinio im 18. Jahrhundert, und hieran hat Lichtenberg wahrscheinlich nicht einmal so viel auszusetzen gehabt. Zumindest in der Sache. Die seifige Diktion war ihm ein Greuel. »Die Sprache der erzürnten Impotenz. Z.« – kritzelt er etwa zur selben Zeit ins

Sudelbuch. Klar, wer mit Z. gemeint war. Um Lichtenberg recht zu verstehen, muß man nur Zimmermanns Abhandlung weiter lesen, diese verdruckst-lüsternen, nur unzureichend medizinisch und pädagogisch verbrämten Altmännerphantastereien (die sind nun wiederum gar zu famos, und stilphysiognomisch viel zu beredt, als daß wir uns hier mit einer kurzen Zitation begnügen dürften!):
»Ein sächsischer Edelmann fragte mich vor einigen Jahren wegen einer wichtigen Krankheit seiner verheirateten Tochter um Rat. Diese Dame von überaus lebhafter Gemütsart strotzte schon in ihren Kinderjahren von Blut, hatte früh eine überaus wollüstige Physiognomie und sehr verdorbene Säfte. Schon im sechsten Jahr fing sie an, sich zu beflecken, und trieb dies bis ins siebente und achte Jahr ihres Alters. Sie verfiel von selbst darauf, indem sie sich mitten unter ihren Kinderspielen gegen einen hölzernen eckigen Stuhl in eine Lage setzte, durch die zufälligerweise dieser neue Gedanke entstand. Man verwies ihr diese Unsittlichkeit mit vielem Ernste. Sie ließ es, vergaß aber bald wieder, daß es unrecht sei, und tat dasselbe. Nach schärferem Verbot versuchte sie verstohlenerweise es zu tun, und überließ sich allmählich diesem Trieb so stark, daß man sie oft an einem entlegenen Orte auf der Ecke eines Stuhls sitzend mit ganz verstörtem Angesichte antraf; sie trieb durch entsetzliches Drücken und Drängen das Blut so sehr nach dem Kopfe, daß sie braunrot ward, und daß die Augen stark und feurig herausdrangen. Dieses Geschäft ... endete sich dann mit einer allgemeinen Entkräftung, die man durch das Zittern und Springen aller ihren Nerven wahrnahm. Viel Wirkung tat bei diesem sonst sehr gutartigen Kind, daß man ihr die Sünde des Ungehorsams recht ans Herz legte. Nicht wenig wirkte auch die Furcht vor körperlichen Strafen von ihrer Mutter Hand, die nur bei außerordentlichen Fällen selbst strafte; noch mehr die lebhafte Verachtung, womit sie von ihrer Erzieherin beschämt wurde; aber am allermeisten tat die Drohung, daß ein alter, rotnasiger Chirurgus, den das Kind nicht ausstehen konnte, ihr ein Pflaster auf einen gewissen Ort legen

und jeden Morgen kommen müsse, durch seine Brille darnach zu sehen. Da sie sich nun schon sehr gebessert hatte und nur noch zuweilen den Schweif ihres Kleides von hinten zwischen den Beinen nach vorne zog, und zwar mit solcher Gewalt, daß die Kleider davon zerrissen, traf sichs, daß sie einmal in Gegenwart einer Mannsperson dieses zu tun anfing. Ihre Erzieherin, auf deren Gesicht sie in demselben Augenblick den plötzlichen Schrecken und die Scham bemerkte, hielt sie früh genug zurück; stellte ihr auch nachher die Möglichkeit, daß jene Mannsperson ihre Tat gesehen habe, und die daraus für sie fließende Verachtung durch Worte und Gebärden mit solchem Nachdrucke vor, daß das Kind mächtig in sich selbst ging und nachher niemals wieder in dieses Laster verfallen ist.«
Welch ein Schmarren! Auch das ist möglich hinter dem dünnen Stellwändchen der Tugend. Und Lichtenberg? Der schreibt seinem Freund Schernhagen: »Was sagen Sie zu Z.s Abhandlung im neusten Stück des Museums, wo er den kleinen Mamsels öffentlich Anleitung giebt, wie sie sich *soulaschieren* sollen?« Da, wie er glaubt, die Aufseher ohnehin Vorsorge treffen, um derartige Liederlichkeiten zu unterbinden, »profitirt niemand als die Mamsels selbst dabey«. Ähäm, und vielleicht noch der eine oder andere, nun, Lustgreis.

Otaheite Während seines zweiten England-Aufenthalts schließt Lichtenberg Bekanntschaft mit Johann Reinhold Forster und dessen Sohn Georg – ja, *dem* ↑Georg Forster, dem Weltumsegler, tragischen Revolutionär und glänzenden Aufklärungsschriftsteller, der Lichtenberg bald in inniglicher Freundschaft verbunden war und der ihm Jahre später bei der Herausgabe des mäßig erfolgreichen *Göttingischen Magazin der Wissenschaften und Litteratur* zur Seite stehen sollte. Vorerst schien ihm der Alte aber noch der Interessantere zu sein. Immerhin hatte der Mann den ehrenvollen Posten des Naturforschers auf Käpt'n Cooks legendärer zweiter Pazifik-Expedition bekleidet. Von seinem Sohn wurde er dabei wacker unterstützt, und weil

Georg mit weitaus größerem schriftstellerischen Genie gesegnet war, übertrug Reinhold ihm auch gleich noch die Verantwortung für die Abfassung des damals obligatorischen Reiseberichts. Lichtenberg nun, der die beiden bald nach ihrer Rückkehr im Juli 1775 in London trifft, ist einigermaßen enthusiasmiert von den Erzählungen der Weltumsegler: »Ich war eben vorher bei Dr. Forster zu Tisch und verlies ... eine höchst angenehme Gesellschaft von Gelehrten, die fürwahr von Otaheite und Neuseeland sprachen, wie unser einer von Eimbeck«, schreibt er an Boie (im zweiten seiner *Briefe aus England*).

Und was wurde gesprochen? Den sagenhaften Südkontinent, die »terra australis incognita«, von der schon die antiken Autoren raunten, hatte man nicht gefunden (man wäre auch enttäuscht gewesen angesichts der antarktischen Ödnis). Dafür aber ein Südsee-Paradies namens Otaheite (also Tahiti), von dem Georg Forster später, in seinem Journal *Reise um die Welt* (1780), in scheinbar guter Rousseauistischer Tradition zu berichten weiß: »Der Tagelauf der Tahitianer offenbarte eine durchgehende, glückliche Einförmigkeit. Bei Sonnenaufgang standen sie auf, wuschen sich in den Quellen und Bächen, dann arbeiteten sie oder gingen umher, bis sie die Hitze zwang auszuruhen. In diesen Erholungsstunden brachten sie ihren Kopfputz in Ordnung, bliesen Flöte oder ergötzten sich am Gesang der Vögel, aßen und kehrten dann zur Tätigkeit zurück ... Muntrer Scherz ohne Bitterkeit, ungekünstelte Erzählungen, fröhlicher Tanz und ein mäßiges Abendessen bringen die Nacht heran; und dann wird der Tag durch abermaliges Baden im Flusse beschlossen. Zufrieden mit dieser einfachen Art zu leben, wissen diese Bewohner eines so glücklichen Clima nichts von Kummer und Sorgen, und sind bey aller ihrer übrigen Unwissenheit glücklich zu preisen.«

Mit solchen idyllisch-stimmungsvollen Passagen bediente auch Forster, allerdings eher ungewollt, die idealisierten Vorstellungen der Zeitgenossen vom glücklich-unschuldigen Leben und dem infolgedessen überlegenen sittlichen

Aus: Joost/Oettermann/Spiegel: Georg Christoph Lichtenberg 1742–1799. Wagnis der Aufklärung, München/Wien 1992, S. 266

Zustand der Südseebewohner. Weder er noch Lichtenberg glaubten an das Klischee vom »edlen Wilden«. Beim letzteren rief die daraus resultierende Losung »Zurück zur Natur«, die der »sonderbare Mann Rousseau« ausgab, wegen ihrer Vernunftfeindlichkeit eher staunendes Unverständnis hervor. Und Forster selbst hatte einfach zuviel gesehen, wußte also aus eigener Anschauung, daß die bunte Empirie nicht mit dieser Schwarzweißmalerei zusammenging. Man denke nur an die »Pesserähs« auf Tierra del Fuego, denen er sich in seinem Reisebericht ebenfalls ausführlich widmet, mit trauriger Empathie: »Auf vielfältiges Zuwinken kamen etliche von diesen Leuten ins Schiff, doch ließen sie nicht das geringste Zeichen von Freude blicken, schienen auch ganz ohne Neugierde zu seyn. Sie waren von kurzer Statur ... hatten dicke große Köpfe, breite Gesichter, sehr platte Nasen ... Diese Züge machten, zusammen genommen, das vollständigste und redendste Bild von dem tiefen Elend aus, worinn dies unglückliche Geschlecht von Menschen dahinlebt ... Ihr einziges elendes Kleidungsstück bestand in einem alten kleinen Seehunds-Fell, welches vermittelst einer Schnur, um den Hals befestigt war. Übrigens giengen sie ganz nackend ... Glas-Corallen und andre Kleinigkeiten nahmen sie mit eben der Gleichgültigkeit und Achtlosigkeit an, mit welcher sie auch ihre Waffen, ja sogar ihre zerlumpten Seehunds-Felle umsonst, oder, gegen das erste beste, das ihnen geboten ward, weggaben. Überhaupt war ihr Charakter die seltsamste Mischung von Dummheit, Gleichgültigkeit und Unthätigkeit ...«

Edle Wilde? Auch so sieht eben die unberührte, von der Ratio noch nicht domestizierte »Natur« aus, zu der sich zivilisationsmüde Intellektuelle zumindest beim Pfeifchen am heimeligen Kamin gern zurückträumten. Mit der Realität hatte das alles nichts zu tun, die war wohl selbst für den feurigsten Rousseauisten nicht sehr erlebens- und erstrebenswert. Forster: »Was die ärgste Sophisterey auch je zum Vorteil des ursprünglich wilden Lebens, im Gegensatz der bürgerlichen Verfassung, vorbringen mag; so braucht

man sich doch nur einzig und allein die hülflose bedauernswürdige Situation dieser Pesserähs vorzustellen, um innig überzeugt zu werden, daß *wir* bey unsrer gesitteten Verfassung unendlich glücklicher sind!«
Lichtenberg schlug in die gleiche Kerbe, sah in der reaktionären Kulturkritik nur: »Die Kunst Menschen mit ihrem Schicksal mißvergnügt zu machen, die heutzutage so sehr getrieben wird.« Und die es deshalb satirisch aufs Korn zu nehmen galt: »O wenn wir doch die Zeiten der Patriarchen wieder hätten, wo die Ziege neben dem hungrigen Löwen graste, und Kain in den zärtlichen Umarmungen seines Bruders Abel seine Saecula durchlebte«; oder wenn wir wenigstens »in dem glücklichen Otaheite« lebten, »wo man für einen eisernen Nagel haben kann, was in Hannover und Berlin goldne Tabatieren und Uhren gilt [Forster hatte auch von der Willfährigkeit der holden Tahitianischen Weiblichkeit berichtet], und wo man bei völliger Gleichheit der Menschen das Recht hat seine Feinde aufzufressen und von ihnen gefressen zu werden«. Kurzum, auch die Südsee-Barbarei ist nichts weniger als der ideale Gesellschaftszustand; das heißt nun aber auch nicht, daß abendländische Überheblichkeit angebracht wäre. Sind wir nicht allzumal arme Sünder?
Aber fasziniert hat ihn das Exotische, das gänzlich Andere dann doch. Er liest jede Reisebeschreibung, der er habhaft werden kann, sammelt ethnologische Kuriosa, um die Leser seines *Taschen Calenders* zu verblüffen, und erkennt häufig genug im Fremden das Eigene. Bei entsprechender – und im Falle Lichtenbergs eigentlich erwartbarer – Verkehrung der Perspektive dann auch im Eigenen das Fremde, wo nicht Befremdliche: »Wenn jemand in Cochinchina sagt doii (doji mich hungert), so laufen die Leute als wenn es brennte ihm etwas zu essen zu geben. In manchen Provinzen Deutschlands könnte ein Dürftiger sagen: mich hungert, und es würde gerade so viel helfen, als wenn er sagte doii.«
Die Betrachtung des Anderen belehrt uns nicht zuletzt auch über uns selbst; jedenfalls den, der diese Form der

Aufklärung gestattet, sich den freien Blick eben nicht durch Eurozentrismus oder Chauvinismus verstellen läßt. Und diesen Vorwurf kann man Lichtenberg eigentlich nicht machen. Viele Sudelbuch-Notizen zum Thema offenbaren eine Humanität, die der Forsterschen allemal ebenbürtig ist: »Ich glaube nach meiner Erfahrung schlechterdings an keinen großen Unterschied unter den Menschen. Es ist alles bloß Übersetzung. Ein jeder hat seine eigene Münze, mit der er bezahlt sein will. Man erinnere sich an die eisernen Nägel in Otaheite ... Wir haben andere Nägel. Es ist ebenfalls bloß menschliche Erfindung, zu glauben, daß die Menschen so sehr unterschieden sind; es ist der Stolz, der diese Unterscheidung unterstützt. Seelenadel ist gerade so ein Ding wie der Geburtsadel.« Überflüssig mithin.

Das ist bester aufklärerischer Common sense – und noch heute, über zweihundert Jahre später, allemal wert, mit Flammenschrift an den Himmel geschrieben zu werden. Jawohl! Das bißchen Pathos wird ja wohl noch erlaubt sein.

P

Philadelphia Lichtenberg besucht, nachdem er sich bereits mehrfach hat entschuldigen lassen, schließlich doch noch eine Vorführung des just in Göttingen gastierenden Taschenspielers Jacob Philadelphia und ärgert sich über die Dreistigkeit dieses Scharlatans: »HE. Philadelphia habe ich gesehen«, schreibt er an Schernhagen einige Tage später, »und ich kan sagen, daß er mir nicht sehr gefallen hat. Als er anfieng seine Magnetischen Kunststücke zu machen, und dabey ernstlich versicherte, daß sie nicht magnetisch seyn, sondern, daß sie eine besondere Verwandschafft mit den Planeten hätten, so kan ich nicht läugnen, daß ich fast

im Unwillen etwas gegen ihn gesagt hätte, so etwas kann er in Nordheim sagen, aber nicht auf einer Universität.«
Als Schernhagen diesen Brief bekam, war Philadelphia bereits sang- und klanglos verschwunden. Lichtenberg hatte »etwas gegen ihn gesagt« und damit für seine etwas überstürzte Abreise gesorgt.
Aber von Anfang an. Im Januar des Jahres 1777 besucht der bekannte Magier Göttingen und zieht den leichtgläubigen Einheimischen mit seinen Piecen das Geld aus der Tasche. Als immer mehr Gerüchte über angebliche Wundertaten an Lichtenbergs Ohr dringen, und er mit ansehen muß, wie die Honorarforderungen des Magiers immer unverschämter werden, weil die Stadt, wohlgemerkt eine vielgerühmte Universitätsstadt, von dessen mirakulösen Darbietungen nicht genug bekommen kann, platzt ihm der Kragen. Er fragt seinen Verleger Dieterich, ob er ein Avertissement drucken könne, das ihm Anonymität garantiere und dem man auch nicht ansehe, aus welcher Druckerei es stamme. Dieterich, der alte Holzschnitt-Druckplatten geschenkt bekommen hatte, die keiner mit seinem modernen Betrieb in Verbindung bringen würde und von denen außer ihm niemand wußte, bejahte, weihte seinen Faktor ein und ließ für Lichtenberg einen satirischen Anschlagzettel drucken – eine fingierte Reklame für Philadelphia, »den *von Himmel und Hölle Beneideten*«, die aber selbstredend nur eins bezwecken sollte, den Schwindler zu entlarven: »Allen Liebhabern der übernatürlichen Physik wird hierdurch bekannt gemacht, daß vor ein paar Tagen der weltberühmte Zauberer … allhier auf der ordinären Post angelangt ist, ob es ihm gleich ein leichtes gewesen wäre, durch die Luft zu kommen. Es ist nämlich derselbe, der im Jahr 1482 zu Venedig auf öffentlichem Markt einen Knaul Bindfaden in die Wolken schmiß und daran in die Luft kletterte, bis man ihn nicht mehr gesehen.«
Ziemlich dick aufgetragen, und damit selbst für den einfachen Göttinger Ackermann halbwegs zu verstehen. Nach dieser aberwitzigen Einleitung, die in ebensolchem Stile

weitergeht, wird das in der Tat außergewöhnliche Programm vorgestellt. Zum Beispiel: »Läßt er sich eine Holz-Axt bringen und schlägt damit einem Chapeau vor den Kopf, daß er wie tot zur Erde fällt. Auf der Erde versetzt er ihm den zweiten Streich, da dann der Chapeau sogleich aufsteht und gemeiniglich fragt: *was das für eine Musik sei?* Übrigens so gesund wie vorher.« Oder: »Er zieht drei bis vier Damens die Zähne sanft aus, läßt sie von der Gesellschaft in einem Beutel sorgfältig durch einander schütteln, ladet sie alsdann in ein kleines Feldstück, und feuert sie besagten Damen auf die Köpfe, da denn jede ihre Zähne rein und weiß wieder hat.«

Das Glanzstück aber steht am Schluß des Programms. Da nämlich: »Nimmt er alle Uhren, Ringe und Juwelen der Anwesenden, auch bares Geld, wenn es verlangt wird, und stellt jedem einen Schein aus. Wirft hierauf alles in einen Koffer, und reiset damit nach Kassel. Nach 8 Tagen zerreißt jede Person ihren Schein, und so wie der Riß durch ist, so sind Uhren, Ringe und Juwelen wieder da. Mit diesem Stück hat er sich viel Geld verdient.«

Noch am selben Abend, an dem Lichtenberg sich im Publikum still entrüstet, hängt Dieterich die Plakate auf. Und schon am nächsten Tag ward der »Windmacher« nicht mehr gesehen. Übrigens hat er trotz seiner großen Eile wieder die Kutsche genommen.

Physiognomik Johann Kaspar Lavater, der pietistische Schwarmgeist und Judenmissionar, dessen allzu wonnetrunkene Gottesverehrung (mit dem sprechenden Titel *Aussichten in die Ewigkeit*) Lichtenberg schon im *Timorus* ordentlich abgebürstet hatte, holt zu einem weiteren Geniestreich aus. In opulenten, schön gedruckten Quart-Bänden läßt er 1775 ff. seine *Physiognomischen Fragmente, zur Beförderung der Menschenkenntniß und Menschenliebe* erscheinen, die einen bis in die Antike zurückreichenden Traditionsfaden wiederaufnehmen und in zeitgenössischer, das heißt christlich-empfindsamer Manier fortspinnen.

Schon Aristoteles gibt in seiner *Physiognomika* Anregungen und Hinweise, wie man anhand des Aussehens seines Gegenübers auf die charakterliche Konstitution schließen könne. Etwa folgendermaßen: Sind die Augen der zu analysierenden Person klein und hohl, ähneln sie also denen eines Affen, so zeigen sie unmißverständlich dessen Kleinmut und Bosheit, ist ihr Blick feurig wie der eines Hundes, so indizieren sie Unverschämtheit; ist die Stirn rund und eselsgleich, so deutet sie auf Unempfindlichkeit, ist sie aber klein und schweinsartig, dann hinwiederum auf Ungelehrigkeit. Und dünne nervige Vogelbeinchen sind unfehlbar ein Zeichen für Geilheit. Also doch! Was wir schon immer vermutet haben ... Wir sehen, auch die großen Denker der Antike haben bisweilen mal schlechte Tage. Mit den kleinen des Sturm und Drangs darf man deshalb vielleicht nicht gar so hart ins Gericht gehen.
Nun gut! Lavater nimmt sich in den 70er Jahren also des Themas an und betreibt mit ihm, wie mit allem, was er so schriftstellerisch ins Werk setzt, vor allem Gottesdienst. Seine grundsätzlichen Erörterungen zur Physiognomik sind im Kern ein Tedeum und teleologischer Gottesbeweis. Indem er zu zeigen versucht, wie sehr sich im äußeren Erscheinungsbild das Geistige, also Göttliche spiegelt, demonstriert er den klugen Schöpfungsplan des Herrn – wofür man diesen dann aber auch, bitte schön, zu lobpreisen habe! Wenn der liebe Gott es nun aber so wohl eingerichtet hat, daß sich alles in allem spiegelt, dann lautet die physiognomische Konsequenz daraus zwangsläufig, man könne von den »festen Teilen« des menschlichen Körpers, vor allem der Schädelform, auch untrüglich auf den sich dahinter verbergenden, bzw. dann ja gerade nicht mehr verbergenden, Geist schließen. Irgendwie tautologisch, oder?
Die Inhumanität, die in einem solchen krausen Determinismus steckt, ging den buckligen Lichtenberg jedenfalls direkt an. Denn Lavaters auf infame Weise folgerichtiger Grundsatz lautet: »je moralisch besser; desto schöner. Je moralisch schlimmer; desto häßlicher« der Körper eines

Menschen. Und an anderer Stelle führt er aus: »Denn wie's in den schönen Figuren eine Homogenität und Gleichartigkeit giebt, so auch in den schlechten. Ein jeder Krüppel hat seine ihm eigene Art von Krüppelhaftigkeit, die sich durch alle Theile seines Körpers verbreitet« – mithin auch durch die geistigen, seelischen oder charakterlichen. Kurzum: In einem kranken Körper wohne notwendig auch ein kranker Geist.

Als Lichtenberg nun auch noch registrieren muß, wie diese genialisch wirren, unsystematischen und überdies gefährlichen *Physiognomischen Fragmente*, nicht zuletzt wegen ihres exquisiten Äußeren, einigen Absatz finden und eine veritable Mode, eine »Raserei für Physiognomik«, auslösen, meldet er sich schließlich zu Wort. Vielleicht weil er befürchtet, Lavaters krude Thesen könnten durch das beständige Physiognomisieren in den Salons langsam ins Kollektivwissen einsickern. In den *Göttinger Taschen Calender*, dessen Herausgeberschaft er soeben übernommen hatte, rückt er eine Streitschrift ein, die ein paar Monate später in verbesserter und erweiterter Fassung als Separatdruck erscheint: *Über Physiognomik; wider die Physiognomen. Zu Beförderung der Menschenliebe und Menschenkenntnis.*

Bereits der Titel ist ein Affront. Denn durch die Zitation des Lavaterschen Untertitels insinuiert er ja, dessen Schrift sei nun gerade nicht dazu angetan, Menschenliebe und Menschenkenntnis zu befördern. Und in der Tat, das ist Lichtenbergs Hauptvorwurf. Ihm widerstreben zwar auch Lavaters stilistische Exaltationen, seine Weitschweifigkeit, die dafür sorgt, »daß jedem, der Sachen sucht, und keine Redensart, die Geduld hundertmal abläuft«, seine begriffliche Unschärfe, die Verquickung von Religion und Physiologie und das unsystematische Vorgehen – mithin die ganz und gar unwissenschaftliche Methode des Zürcher Predigers. Vor allem aber befürchtet er, daß sich aus den dunklen Wolken, die da am strahlenden Aufklärungshimmel dräuen, ein verzehrendes Unwetter entwickelt: daß man »zu Beförderung von Menschenliebe physiognomisierte, so wie man ehmals zu Beförderung der Liebe Gottes sengte und brennte«. Im Sudelbuch erklärt er sich noch deutlicher: »Wenn die Physiognomik das wird, was Lavater von ihr erwartet, so wird man die Kinder aufhängen ehe sie die Taten getan haben, die den Galgen verdienen, es wird also eine neue Art von Firmelung jedes Jahr vorgenommen werden. Ein physiognomisches Auto da Fe.«

Augenscheinlich hatte Lichtenberg dem Teufel ins Angesicht gesehen – und sich durch diese Epiphanie vom Anhänger der fazialen Zeichendeuterei, der für einige Zeit selber ausgiebig physiognomische Studien trieb und sogar Lavater mit einigen Zeichnungen belieferte, zu ihrem entschiedensten Gegner geläutert. Ob der Teufel die Züge des Wiener Hirnforschers Franz Joseph Gall trug? Der nämlich hatte mit Hilfe seiner »Schädellehre«, also auf streng wissenschaftlicher Grundlage, in einem vierzehnjährigen Knaben das Organ des Diebssinns so ungewöhnlich entwickelt gefunden, daß er dem Rat seiner Heimatstadt sogleich anempfahl, diesen unverbesserlichen Dieb zeitlebens einzusperren. Oder war Lichtenberg nur eine Interpretation des eigenen Schattenrisses zu Ohren gekommen? Was auch immer ihn zur Konversion bewogen haben mag, er versucht nun jedenfalls, den passenden Impfstoff gegen »diese Seuche« zu finden und den Beweis zu erbringen, »daß man den Menschen aus seiner äußern Form nicht so beurteilen« könne »wie die Viehhändler die Ochsen«.

Lichtenberg räumt zwar ein, daß sich auf dieser Welt alles in einem Ursache-Wirkung-Verhältnis befindet, also auch eine Korrelation zwischen Körper und Seele besteht, nur sei dieses Verhältnis eben nicht so einlinig-kausal, wie die Physiognomiker annehmen, sondern Bestandteil eines größeren, weitaus komplexeren Zusammenhangs: »So steht unser Körper zwischen Seele und der übrigen Welt in der Mitte, Spiegel der Wirkungen von beiden; erzählt nicht allein unsere Neigungen und Fähigkeiten, sondern auch die Peitschenschläge des Schicksals, Klima, Krank-

heit, Nahrung und tausend Ungemach, dem uns nicht immer unser eigner böser Entschluß, sondern oft Zufall und oft Pflicht aussetzen.«
Alle diese äußeren Einflüsse seien so unwägbar und verfälschten die Interpretation in einem Maße, daß eine Deutung des Charakters aus den festen Teilen des Gesichts unmöglich sei. Und von einem einfachen Kausalnexus könne man ohnehin nicht ausgehen: »Oder füllt die Seele den Körper etwa wie ein elastisches Flüssige, das allzeit die Form des Gefäßes annimt: so daß, wenn eine platte Nase Schadenfreude bedeutet, der schadenfroh wird, dem man die Nase platt drückt?«
Das schlagende Argument aber, mit dem er die Physiognomik zu Fall bringt und damit letztlich auch abschafft – denn nach Lichtenbergs Rundumschlag ist das Thema eigentlich vom Tisch –, das schlagende Argument also lautet folgendermaßen: »Die festen und unbeweglichen Teile, zumal die Form der Knochen«, könnten unmöglich über die charakterliche Beschaffenheit des Menschen Aufschluß geben, weil die »Verbesserung des verbesserlichen Geschöpfs« auch noch dann stattfinde, »nachdem diese ihre völlige Festigkeit erreicht haben«. Und damit hatte es sich.
Was Lichtenberg allenfalls gelten lassen wollte, auch dies nur unter bestimmten Bedingungen, wie Humanität, Behutsamkeit und Abgewogenheit des Urteils, war »Pathognomik«: Seiner Ansicht nach läßt die Gebärdensprache, die Mimik und Gestik eines Menschen durchaus gewisse charakterliche Rückschlüsse zu. Nun war Lichtenberg aber auch hier weit davon entfernt, ihr so etwas wie »Untrüglichkeit« zu bescheinigen. Untrüglich war ihm nur die »Physiognomik des Stils«, die er uns allerdings schuldig geblieben ist. In einem Entwurf zur zweiten Auflage der Anti-Physiognomik notiert er sich immerhin folgenden Appell, der uns allemal beherzigenswert erscheint: »... redet jemand mit dir im Wonneton der Seher, plundert und stolpert in Dithyramben daher mit konvulsivischem Bemühen das Unaussprechliche auszusprechen, so

glaube ihm kein Wort, wo du es nicht strenge untersucht hast. Es gibt keine Abgesandten Gottes mehr. Hat er nicht zu deiner weltlichen Logik geschworen, so stoße ihn bis zur nähern Untersuchung aus dem Haus.«

Proselytenmacherei 1773 sorgte eine kleine satirische Streitschrift für etwas Abwechslung im deutschen Dichter- und Denker-Alkoven: *Timorus, das ist Vertheidigung zweyer Israeliten, die durch die Kräftigkeit der Lavaterischen Beweisgründe und der Göttingischen Mettwürste bewogen den wahren Glauben angenommen haben, von Conrad Photorin, der Theologie und Belles Lettres Candidaten.* Lichtenbergs erste belletristische Separatpublikation. Was hat ihn zur Abfassung des für seine Verhältnisse doch recht umfänglichen – im Originaldruck immerhin 78seitigen – Pasquills bewogen? Wir müssen etwas weiter ausholen und die Schreibanlässe schildern, denn ohne sie bleibt die Satire einigermaßen kryptisch. Einer davon ist, wenn auch nur mittelbar, der Bekehrungsstreit zwischen Lavater und Mendelssohn. Der Zürcher Theologe Johann Caspar Lavater, ein in aufgeklärten Kreisen berüchtigter pietistischer Schwärmer mit unbändigem judenmissionarischen Eifer (der uns aus dem letzten Artikel noch in guter Erinnerung ist), hatte Charles Bonnets bekannte Apologie des Christentums *Palingénésie philosophique ou idées sur l'état passé et sur l'état futur des êtres vivants* (Genf 1769) ins Deutsche übersetzt und glaubte sich nun endlich im Besitz einer unwiderlegbaren Begründung für die Wahrheit des christlichen Glaubens. In einer dem Werk vorangestellten Zueignungsschrift wandte er sich an den jüdischen Popularphilosophen Moses Mendelssohn und forderte ihn auf, Bonnet »öffentlich zu widerlegen« oder zu tun, »was Socrates gethan hätte, wenn er diese Schrift gelesen und unwiderleglich gefunden hätte« – nämlich zu konvertieren. Anscheinend hoffte Lavater, die Konversion des bei Juden und Christen gleichermaßen hochangesehenen Philosophen werde einer allgemeinen Judenbekehrung den Weg bereiten. Nun ging ihm Mendelssohn keineswegs auf den

Johann Kaspar Lavater (1741–1801).
Aquarell-Miniatur aus Lavaters Sammlung

Leim. In einem öffentlichen Antwortschreiben lehnt er würdig jegliche Religionsstreitigkeiten ab – mit der Begründung, seine Religion und das Gebot der Toleranz verböten ihm zu missionieren. Ferner gestatte ihm seine bedrückende Situation als Jude kaum, seine christlichen Gastgeber, von denen er Schutz erflehen müsse, zu provozieren. Die Öffentlichkeit stand beinahe einhellig auf der Seite Mendelssohns und kritisierte das skandalöse Ansinnen des Schweizer Theologen in einer wahren Flut von Publikationen. Als sogar seine Freunde, unter diesen Bonnet, ihr Mißfallen äußerten, blieb Lavater nichts anderes übrig, als sich in einem Brief für seinen Übereifer zu entschuldigen. Gleichwohl kam die Affäre nicht so bald zu einem Ende, weil sich der beständig an seinem himmlischen Schloß bauende »Bäbeli-Schwyzer« (Arno Schmidt) immer wieder zu diesem Thema äußerte.
Auch den zweiten Anstoß gab Lavater. Als sich zwei Berliner Juden in Zürich taufen ließen, hielt er zu diesem Anlaß eine (auch sogleich publizierte) Rede, die ausdrücklich auf die Kontroverse mit Mendelssohn Bezug nahm und schon im Titel (*Rede bey der Taufe zweyer Berlinischen Israeliten, so durch Veranlassung der Lavater und Mendelssohnischen Streitschriften zum wahren Christenthum übergetreten*, Frankfurt und Leipzig 1771) suggerierte, die Konversion der beiden Juden sei in erster Linie ihm und seinen triftigen Argumenten gegen Mendelssohn zu verdanken. Lichtenberg wollte Lavaters Borniertheit diesmal offenbar nicht so einfach durchgehen lassen: deshalb überschreibt er seine Satire mit einer Parodie dieses Titels (s. o.).
Der dritte und letztlich wohl entscheidende Anlaß für den *Timorus* waren hingegen die konkreten Ereignisse in Lichtenbergs unmittelbarer Umgebung, die mit der Zürcher Taufe und Lavaters Wirken wenigstens indirekt in Zusammenhang standen. Im Sommer 1771 nämlich sorgte in Göttingen die Bekehrung zweier offenbar wenig reputierlicher Juden für Aufsehen. Eine der Taufen fand zu allem Überfluß in der Göttinger Johannis-Kirche statt, unweit von Lichtenbergs Wohnung. Begleitet wurden die

Konversionen auch hier von verschiedenen, einmal mehr den Sieg des »wahren« christlichen Glaubens preisenden Schriften.

Lichtenberg verknüpft nun diese drei Anlässe – und läuft im *Timorus* gegen sie Sturm. Dafür bedient er sich eines recht diffizilen satirischen Verfahrens, das er bei Swift und Liscow oder bei den humanistischen *Epistolae obscurorum virorum* – den *Dunkelmännerbriefen* – abgeschaut hat: der »deductio ad absurdum«. Er läßt den fingierten Verfasser Conrad Photorin, einen orthodoxen Theologiekandidaten und ausgemachten Dummkopf, seinen Standpunkt, die Notwendigkeit der Bekehrung, der sogenannten »Proselytenmacherei«, in einer lächerlich-sophistischen Beweisführung verteidigen und somit als unhaltbar entlarven.

Zunächst geht Lichtenberg auf die Göttinger Geschehnisse ein, läßt Photorin sich für die beiden Täuflinge verwenden und denunziert auf diese Weise ihre moralische Integrität: »Ueberall, wo man nemlich hin kommt, sagen die Leute einmüthig: der Jude der in W.... getauft worden wäre, sey einer der größten Spitzbuben, der nur lebendig gedacht werden könne, und doch wenn man nach einem Beweis des Behaupteten fragt, so halten sie am Berge und wissen nichts vorzubringen. Es fehlt ihnen zwar nicht an Scheingründen, womit sie ihre boshaften Verläumdungen wahrscheinlich zu machen suchen, als z. E. sie sagen, er habe gestohlen, habe zu B.... lange im Stockhause gesessen, sey des Landes verwiesen worden, und was dergleichen Sophismata mehr sind. Ich läugne zwar nicht, daß dieses alles wahr sey, denn es ist gerichtlich bestätiget, aber kann der Jude nicht deswegen ein ehrlicher Kerl seyn? Hierauf allein kommt es an.«

Um seine wahre Meinung, die Photorin folgerichtig mit Pathos verdammt, auch dem letzten Gimpel einzubleuen, hat Lichtenberg sie gesperrt drucken lassen: »Kaum waren sie getauft, kaum waren ihnen, so zu reden, die Köpfe trocken geworden, so schrie man: *Man hätte die Betrüger und Landstreicher nicht annehmen sollen; sie wären nicht durch Beweisgründe, sondern durch Mettwürste bekehrt worden; ein ehr-*

licher Mann ändere seine Religion niemals mit so großen Umständen.«

Der zweite Teil der Argumentation, Photorins absurde Apologie der Bekehrung durch Mettwürste, zielt mehr auf das Proselytenmachen im allgemeinen. Lichtenberg geißelt die Intoleranz und den Dogmatismus der evangelischen Orthodoxie, die jedes Mittel – sogar Gewalt – billige, um die Zahl der »Rechtgläubigen« zu erhöhen. Er wendet sich aber auch gegen die Unredlichkeit der Proselyten selbst, die seiner Ansicht nach eine Identifikation mit dem Christentum nur vortäuschen, weil sie sich materielle Vorteile davon versprechen. Um seine Intention auf den Punkt zu bringen, meldet sich Lichtenberg schließlich wieder selbst zu Wort – abermals graphisch hervorgehoben: *»Man solle gar keine Proselyten mehr machen; ein rechtschaffner Mann bleibe bei seiner Religion, oder ändere sie vor Gott allein, heimlich und ohne Pomp.«*

Und Photorins Entgegnung zeigt, welche Idee dem zugrunde liegt: »Was? keine Proselyten mehr machen? Keine Seelen mehr retten? Wißt ihr, was die Folgen sein würden? ... Einen Juden, der ein natürlich ehrlicher Mann wäre, würde man für seinen Nebenmenschen ansehen, ja gar vielleicht manchem Christen vorziehen.« Lichtenberg plädiert ganz im Sinne aufgeklärter Toleranz für eine unvoreingenommene, pragmatische Sicht des Menschen. Nicht in der Religion, nur im konkreten Handeln zeige sich die moralische Qualität eines Menschen. Eine solche Unvoreingenommenheit findet er in keiner anderen als der Vernunft- und Naturreligion der Aufklärung, die der orthodoxe Theologiekandidat zwangsläufig verdammt: »Zeigt mir, wo haben unsere Vorfahren solche Reden geführt, sie haben sich um ihrer Hände Arbeit bekümmert, aber wenn sie an uns und an die Religion gedachten, da war ihr Wahlspruch: zittere und bete an, und nicht wie jetzt: *denke und untersuche,* und ich möchte fast hinzusetzen: und *fahre zum Teufel.«*

Schließlich kommt es dann zu der im Titel bereits angekündigten Auseinandersetzung mit Lavater. Selbst der

Apologet Photorin muß dessen Niederlage im Bekehrungsstreit einräumen: Mendelssohns gesunder Menschenverstand habe sich leider gegen die religiöse Verblendung des »ohnmächtigen Enthusiasten« durchgesetzt. Die nun folgende Abrechnung mit der pietistischen Schwärmerei Lavaters bettet Lichtenberg dann in eine schöne Parodie seines Personalstils: »Bei dem geringsten Spruch aus der Bibel verfällt er in geistliche Zuckungen, scheint im Meer der ewigen Wonne zu schwimmen, und in nie gefühlte Empfindung aufgelöst, spricht er, und mit dem Unaussprechlichen schwanger, wallt sein sterblicher Ausdruck daher, so daß man leicht, an einem schönen Abend, die Schwingungen fängt und in einer andächtigen und unaussprechlich heiligen Entzückung wegdämmert. ... Mir graute zuweilen, wenn ich ihm nachsah; auf der Scheidewand, wo sie am dünnsten ist, zwischen Wahnwitz und Vernunft, läuft er euch hin, wie wir auf der gleichen Erde, und kommt selten ohne eine Ladung des Unsäglichen wieder zurück.«

Schließlich rundet sich die Satire, indem sie Lavaters Proselytenmacherei mit den Göttinger Ereignissen in Zusammenhang bringt. Photorin konstatiert, dessen Schriften hätten maßgeblichen Anteil an der Konversion der Juden gehabt; den angekündigten Beweis dafür bleibt er allerdings wieder einmal aus fadenscheinigen Gründen schuldig. Lichtenberg hatte da offenbar seine Zweifel. Nicht die schwärmerischen Beweisgründe des Zürchers haben die Juden ans Taufbecken geführt, der reine Opportunismus war's.

Q

Quellen- und Literaturverzeichnis Aufgeführt haben wir nur jene, die Lichtenberg-Forschung besonders »befruchtenden« Titel, sodann die »einschlägigen« Biographien und Gesamtdarstellungen und schließlich Arbeiten, die uns bei der Abfassung besonders »förderlich« waren. Unserer Auswahl kann mithin eine gewisse »subjektive Komponente« nicht abgesprochen werden. Wir glauben, das liegt in der Natur der Sache.

Quellen

Georg Christoph Lichtenberg (Hg.): Göttinger Taschen Calender 1778–1799.

Georg Christoph Lichtenberg's Vermischte Schriften. Neue vermehrte von dessen Söhnen veranstaltete Original-Ausgabe ..., Bd. 1–14, Göttingen 1844–1853.

Aus Lichtenbergs Nachlaß. Aufsätze, Gedichte, Tagebuchblätter, Briefe. Hg. von Albert Leitzmann, Weimar 1899.

Georg Christoph Lichtenberg: Aphorismen. Nach den Handschriften hg. von Albert Leitzmann. 5 Hefte, Berlin 1902–1908.

Georg Christoph Lichtenberg: Schriften und Briefe. Hg. von Wolfgang Promies, Bd. 1–4 und 2 Kommentarbde., München 1968–1992.

Georg Christoph Lichtenberg: Briefwechsel. Im Auftrag der Akademie der Wissenschaften zu Göttingen unter Mitwirkung von Julia Hoffmann hg. von Ulrich Joost und Albrecht Schöne, Bd. 1–4, Göttingen 1983–1992.

Georg Christoph Lichtenberg: Noctes. Ein Notizbuch. Faksimile mit einem Nachwort und Erläuterungen hg. von Ulrich Joost, Göttingen 1992.

Georg Christoph Lichtenberg: Observationes. Die lateinischen Schriften. Übers. und hg. von Dag Nikolaus Hasse, Göttingen 1997.

Literatur

Rainer Baasner: Georg Christoph Lichtenberg, Darmstadt 1992.

Arnd Beise: »Meine scandaleusen Exkursionen über den Hogarth«. Lichtenbergs Erklärungen zu Hogarths moralischen Kupferstichen, in: Ulrich Joost/Stephan Oettermann/Sibylle Spiegel: Wagnis der Aufklärung. München/Wien 1992, S. 239 ff.

Albrecht Beutel: Lichtenberg und die Religion. Aspekte einer vielschichtigen Konstellation, Tübingen 1996.

Ders.: Der philosophische Trinker. Lichtenberg als Piniker und Methyologe, in: Lichtenberg-Jahrbuch 1994, S. 43 ff.

Hans Blumenberg: Lichtenbergs Paradox, in: Akzente. Zeitschrift für Literatur 1, 1992, S. 4 ff.

Elias Canetti: Die Provinz des Menschen. Aufzeichnungen 1942–1972, München/Wien 1973.

Robert Darnton: Denkende Wollust. Zwei Romane aus dem 18. und ein Essay aus dem 20. Jahrhundert. Aus dem Französischen von Eva Moldenhauer und aus dem Englischen von Jens Hagestedt. Frankfurt a. M. 1996.

Otto Deneke: Lichtenbergs Leben, 1. Buch, München 1944.

Franz Dumont: Faszination und Distanz. Lichtenberg, Forster, Soemmering und die Französische Revolution, in: Ulrich Joost/Stephan Oettermann/Sibylle Spiegel 1992, S. 285 ff.

Eva Johanna Engel: Lavater, Mendelssohn, Lichtenberg, in: R. W. Last (Ed.): Affinities. Essays in German & English Literature. Dedicated to the memory of Oswald Wolff, Part II, German Themes, London 1971, S. 187 ff.

Heinz Gockel: Individualisiertes Sprechen. Lichtenbergs Bemerkungen im Zusammenhang von Erkenntnistheorie und Sprachkritik, Berlin/New York 1973.

Dorothea Goetz: Georg Christoph Lichtenberg, Leipzig [2]1984.

Horst Gravenkamp: Geschichte eines elenden Körpers. Lichtenberg als Patient, Göttingen 1989.

Hans Ludwig Gumbert (Hg.): Bibliotheca Lichtenbergiana. Katalog der Bibliothek Georg Christoph Lichtenbergs, Wiesbaden 1982.

Karl S. Guthke: Lichtenberg und die Exoten. »Ozeanisch in Göttingen«, in: Lichtenberg-Jahrbuch 1996, S. 90 ff.

Armin Hermann: Das wissenschaftliche Weltbild Lichtenbergs, in: Promies 1974, S. 44 ff.

Ulrich Joost/Stephan Oettermann/Sibylle Spiegel (Hg.): Georg Christoph Lichtenberg 1742–1799. Wagnis der Aufklärung, München/Wien 1992.

Ulrich Joost: Lichtenberg – der Briefschreiber, Göttingen 1990.

Rudolf Jung: Lichtenberg-Bibliographie, Heidelberg 1972.

Joachim Kalka: »To bäh or not to bäh«. Kleine Glosse zum großen Streit zwischen Voß und Lichtenberg, in: Ulrich Joost/Stephan Oettermann/Sibylle Spiegel 1992, S. 185 ff.

Dieter Lamping: Lichtenbergs literarisches Nachleben. Eine Rezeptions-Geschichte, Göttingen 1992.

Gunter Mann: Soemmering, Lichtenberg und die Ärzte im Streit um die Guillotine, in: Lichtenberg-Jahrbuch 1989, S. 7 ff.

Otto Mäussnest: Die isländische Vulkaneruption 1783 und das Geheimnis des Hahlrauchs, in: Photorin 9 (1985), S. 53 ff.

Franz Heinrich Mautner: Lichtenberg. Geschichte seines Geistes, Berlin 1968.

August Ohage: Lichtenberg als Beiträger zu Lavaters »Physiognomischen Fragmenten«, in: Lichtenberg-Jahrbuch 1990, S. 28 ff.

Günther Patzig: Über den Philosophen Lichtenberg, in: Heinz Ludwig Arnold (Hg.): Georg Christoph Lichtenberg. Text und Kritik 114, 1992, S. 23 ff.

Wolfgang Promies (Hg.): Aufklärung über Lichtenberg, Göttingen 1974.

Wolfgang Promies: Georg Christoph Lichtenberg. Mit Selbstzeugnissen und Bilddokumenten, Reinbek bei Hamburg [3]1987.

Ders.: Lichtenbergs »Italiänische Reise«, in: Ulrich Joost / Stephan Oettermann / Sibylle Spiegel 1992, S. 307 ff.

Ders.: Weltbürger oder vaterlandsloser Geselle? Georg Forsters eingedenk, in: Lichtenberg-Jahrbuch 1995, S. 233 ff.

Wolfgang Proß/Claus Priesner: Lichtenberg, in: Neue Deutsche Biographie, Bd. 14, Berlin 1985, S. 449 ff.

Smail Rapic: »Die Philosophie, deren Professor zu seyn ich die Ehre habe«. Zwischen Leibniz, Kant und Popper: Lichtenbergs philosophiegeschichtlicher Ort, in: Ulrich Joost/Stephan Oettermann/Sibylle Spiegel 1992, S. 148 ff.

Paul Requadt: Lichtenberg, Stuttgart 1964.

Wolfgang Rödel: Forster und Lichtenberg. Ein Beitrag zum Problem deutsche Intelligenz und Französische Revolution, Berlin [Ost] 1960.

Peter Rühmkorf: Tabu I. Tagebücher 1989–1991, Reinbek bei Hamburg 1995.

Dietrich Rolle: Lichtenberg und die amerikanische Revolution. In: Lichtenberg-Jahrbuch 1996, S. 125 ff.

Gert Sautermeister: Georg Christoph Lichtenberg, München 1993.

Frank Schäfer: Lichtenberg und das Judentum, Göttingen 1998.

Ders.: Lichtenberg und Arno Schmidt? Ein Appendix zum literarischen Nachleben Lichtenbergs, in: Lichtenberg-Jahrbuch 1994, S. 128 ff.

Ders.: Imeson, Noctamid, Adumbran und bis 10. 30 durch. Unvorgreifliche Bemerkungen zu Peter Rühmkorfs Lichtenberg-Rezeption, in: Lichtenberg-Jahrbuch 1995, S. 250 ff.

Wolfgang Schimpf: »Transzendentale Ventriloquenz« oder »Furor Poeticus«? Lichtenbergs Verhältnis zur Schwärmerei, in: Lichtenberg-Jahrbuch 1990, S. 52 ff.

Albrecht Schöne: Aufklärung aus dem Geist der Experimentalphysik. Lichtenbergsche Konjunktive, München 1982.

Friedrich Schorlemmer: »Eine Republik zu bauen aus den Materialien einer niedergerissenen Monarchie ...«, in: Jörg-Dieter Kogel/Wolfram Schütte/Harro Zimmermann (Hg.): Lichtenbergs Funkenflug der Vernunft, Frankfurt a. M./Leipzig 1992, S. 115 ff.

Arno Schmidt: Werke. Bargfelder Ausgabe, Zürich 1986 ff.

Joseph Peter Stern: Lichtenberg. A Doctrine of Scattered Occasions. Reconstructed from his Aphorismus and Reflections, Bloomington 1959.

Anacleto Verecchia: Georg Christoph Lichtenberg. Der Ketzer des deutschen Geistes. Aus dem Italienischen übertragen von Peter Pawlowsky, Wien [u. a.] 1988.

Rudolf Vierhaus: Lichtenberg und seine Zeit, in: Promies 1974, S. 21 ff.

Christian Wagenknecht: Lichtenbergs Gedichte. Metrische Miszellen, in: Heinz Ludwig Arnold (Hg.): Georg Christoph Lichtenberg. Text und Kritik 114, 1992, S. 57 ff.

Sabine Welsch: »Weg mit Vorhang«. Gedanken zum selbstgewählten Tod, in: Ulrich Joost/Stephan Oettermann/Sibylle Spiegel 1992, S. 391 ff.

Ernst-Peter Wieckenberg: Lichtenbergs »Erklärung der Hogarthischen Kupferstiche« – ein Anti-Lavater?, in: Heinz Ludwig Arnold (Hg.): Georg Christoph Lichtenberg. Text und Kritik 114, 1992, S. 39 ff.

George Hendrik v. Wright: Georg Christoph Lichtenberg als Philosoph, in: Theoria. A Swedish Journal of Philosophy and Psychology 8, 1942, S. 201 ff.

Ralph-Rainer Wuthenow: Experimentalpolitik? Die Französische Revolution in Lichtenbergs ›Sudelbüchern‹, in: Französische Revolution und deutsche Literatur. Hg. von Karl Eibl, Hamburg 1986 (Aufklärung, Jg. 1, H. 2), S. 43 ff.

R

Religionskritik »*Endlich* war es gelungen, Tote wieder lebendig zu machen; oder, präziser ausgedrückt: Leute, die das erste Leben und den ersten Tod erlitten hatten, auf kurze Zeit wieder zurückzurufen ...« So läßt Arno Schmidt sein Capriccio *Goethe und Einer seiner Bewunderer* beginnen, in dem er den Olympier für 15 Stunden aus dem Götterhimmel in die wirtschaftswunderlichen 1950er Jahre zurückholt, um ihn zu beschimpfen. Notabene: rein literarisch, nur in der kranken Phantasie dieses Autors. Schmidt konnte nicht ahnen, daß modernste Medizin, ideell und finanziell unterstützt von der psychopharmakologischen Industrie, es nicht einmal ein halbes Jahrhundert später ermöglichen sollte, diese kühne literarische Vision *endlich* zu realisieren. Natürlich lassen sich die Toten nicht mehr lebendig machen, den Irrwitz dieser Idee (mit all ihren gesellschaftlichen Folgen) hätte auch ein Arno Schmidt der 50er Jahre bemerken können, aber der umgekehrte Weg erweist sich als durchaus gangbar: Mit einer chemischen Keule, deren Zusammensetzung wir hier aus naheliegenden Gründen nicht verraten können, ist man nunmehr in der glücklichen Lage, einen interessierten Probanden für genau 17 Minuten (eine längere Verweildauer könnte letale Folgen haben!) ins Jenseits zu befördern, um mit den ›Alten‹ ins Gespräch zu kommen. Der strafversetzte Habelschwerdter Dompropst Arminius Kraft, ein glühender Verehrer des Hauptpastors Goetze, hatte sich als einer der ersten gemeldet, um dem zügellosen Freigeist Lessing drüben im Jenseits die Leviten zu lesen und zum rechten christlichen Glauben zu bekehren. Wir haben das Gespräch mitgeschnitten und teilen es dem geneigten Leser hier nun in voller Länge mit. Lexik, Interpunktion und Orthographie wurden behutsam dem heutigen Sprachgebrauch angepaßt.

LICHTENBERG *verschmitzt:* Da sind Sie ja endlich. Ich warte schon eine geraume Zeit ..., gab es etwa wieder Probleme mit dem Narkotikum? Ärzte, tz-tz-tz-tz. Aber erlauben Sie zunächst, daß ich mich ihnen vorstelle. *Militärisch steif, zackig:* Lessing, Gotthold Ephraim ...

DOMPROPST: Sie? Sie sind Lessing? Ich habe Sie mir viel größer vorgestellt, ich meine physisch ... Sie haben ja einen Höcker!

LICHTENBERG *schenkelklopfend:* Also bitte, ich werde demnächst 270 Jahre alt, da darf ein bißchen Buckel ja wohl drin liegen.

DOMPROPST: Aber ..., aber ... jetzt erkenne ich Sie, klein, bucklig, aufgeworfene Lippen, sind Sie nicht ... Lichtenberg?

LICHTENBERG *flämisch:* Derselbige; *für sich:* mein Körper ist so beschaffen, daß ihn auch ein schlechter Zeichner im Dunkeln besser zeichnen würde, und stünde es in meinem Vermögen, ihn zu ändern, so würde ich manchen Teilen weniger Relief geben.

DOMPROPST: Und wo ist Lessing?

LICHTENBERG: Leider verhindert, liefert sich justamente sein wöchentliches Fechtduell mit dem Hauptpastor. Auf Leben und Tod, Sie verstehen?! *Lacht.* Das ist nun das schöne am Jenseits, man kann seine Scharte sogleich wieder auswetzen. Letzten Montag hat ihm der Pfaffe nämlich gewaltig zugesetzt. Hatte noch ein Pistol im Stiefel, der infame Hund. Na, wie auch immer, unser Lessing bat mich, Sie in Empfang zu nehmen, in rebus religionis kommen wir nämlich so ziemlich überein.

DOMPROPST: Auch gut, wenn er zu feige ist ...

LICHTENBERG *packt ihn an die Gurgel:* Lessing, feig? Mensch, schweig stille, sei froh, daß ich ihn vertrete, das hätte ein Spießrutenlaufen gegeben. *Herablassend:* Setze er sich und stelle er seine Fragen. Er hat ja nur noch 15 Minuten.

DOMPROPST *merklich eingeschüchtert:* Also gut, die Gretchenfrage, wie Sie sich denken können. Nun sag, wie hast du's mit der Religion?

LICHTENBERG: Von der Religion habe ich als Knabe schon sehr frei gedacht, nie aber eine Ehre darin gesucht, ein Freigeist zu sein …

DOMPROPST: Aha!

LICHTENBERG *lauter:* … aber auch keine darin, alles ohne Ausnahme zu glauben.

DOMPROPST: Aber doch wohl an den allmächtigen, barmherzigen Vater, unseren gütigen Schöpfer – *wird langsam warm* – und an seinen eingeborenen Sohn, der für unsere Sünden gestorben ist?

LICHTENBERG: Es muß jemand sein, dem die Zeit beim Umlauf der Kometen nicht so lange wird als uns. *Schüttelt lächelnd den Kopf.* Nein, mal im Ernst. Ich glaube kaum, daß es möglich sein wird zu erweisen, daß wir das Werk eines höchsten Wesens und nicht vielmehr zum Zeitvertreib von einem sehr unvollkommenen sind zusammengesetzt worden.

DOMPROPST: Waaas? Erklären Sie sich deutlicher!

LICHTENBERG *sinnend:* Nun, man hätte doch einmal zu untersuchen, inwieweit Gott aus der Welt erkannt werden kann.

DOMPROPST: Ja und?

LICHTENBERG: Sehr wenig, es könnte ein Stümper sein.

DOMPROPST *verletzt:* Aber alles befindet sich doch im Gleichgewicht, überall herrscht wundersame Harmonie, sehen Sie zum Beispiel die Naturgesetze. Oder schauen Sie sich den menschlichen Körper an. Alle Glieder haben eine bestimmte Funktion, beweist das nicht aufs schönste die weisliche Absicht unseres großen Schöpfers?

LICHTENBERG *bitter:* So fragt sich, warum die Menschen oft Gewächse, Glieder ohne eine Absicht, bekommen …

DOMPROPST *indigniert:* Ähm, ich verstehe ja Ihren …

LICHTENBERG *gebietet ihm mit einer Handbewegung zu schweigen:* Schon vor vielen Jahren habe ich gedacht, daß unsere Welt das Werk eines untergeordneten Wesens sein könne, und noch kann ich von dem Gedanken nicht zurückkommen. Es ist eine Torheit zu glauben, es wäre keine Welt möglich, worin keine Krankheit, kein Schmerz und kein Tod wäre. Denkt man sich ja doch den Himmel so. Von Prüfungszeit, von allmähliger Ausbildung zu reden, heißt sehr menschlich von Gott denken und ist bloßes Geschwätz. Warum sollte es nicht Stufen von Geistern bis zu Gott hinauf geben, und unsere Welt das Werk von einem sein können, der die Sache noch nicht recht verstand, ein Versuch?

DOMPROPST: Ach ja, ich weiß schon, was jetzt kommt. Sie wollen mir – wie Ihr offensichtliches Vorbild Voltaire in seinem gottlosen »Candide« – Leibnizens »Theodizee« madig machen. Wenn Sie …

LICHTENBERG *nickend:* Wenn ich …

DOMPROPST: Wenn Sie mich nur nicht immer unterbrechen wollten.

LICHTENBERG: … Krieg, Hunger, Armut und Pestilenz betrachte, so kann ich unmöglich glauben, daß alles das Werk eines höchst weisen Wesens sei; oder es muß einen von ihm unabhängigen Stoff gefunden haben, von welchem es einigermaßen beschränkt wurde; so daß dieses nur respektive die beste Welt wäre, wie auch schon häufig gelehrt worden ist.

DOMPROPST *schüttelt verwirrt den Kopf, winkt ab:* Sie mit Ihrer philosophischen Beckmesserei. Hier geht es doch um eine ganz einfache Frage. Entweder man glaubt an einen Gott oder man glaubt eben nicht an ihn – *für sich:* letzteres wäre dann allerdings fatal. Tun Sie's?

LICHTENBERG: Ich danke es dem lieben Gott tausendmal, daß er mich zum Atheisten hat werden lassen.

DOMPROPST: So kommen wir doch nicht weiter, Herr Lichtenberg. Vor allem aber, Sie vergessen eins … *triumphierend, im Vollgefühl eines Sieges:* wir haben einen unumstößlichen Beweis für seine Existenz … *künstlerische Pause, holt aus zum Paukenschlag:* Gottes Wort, die Bibel!

LICHTENBERG: Unsere Theologen wollen mit Gewalt aus der Bibel ein Buch machen, worin kein M e n s c h e n - Verstand ist.

DOMPROPST: Was ist das nun wieder?

LICHTENBERG *mit dem ausgestreckten Zeigefinger skandierend:* Die Bibel ist ein Buch von Menschen geschrieben, wie alle Bücher. Von Menschen, die etwas anderes waren als wir, weil sie in etwas andern Zeiten lebten; etwas simpler in manchen Stücken waren als wir, dafür aber auch sehr viel unwissender; ein Buch also, worin manches Wahre und manches Falsche, manches Gute und manches Schlechte enthalten ist. Je mehr eine Erklärung die Bibel zu einem ganz gewöhnlichen Buche macht, desto besser ist sie, alles das würde auch schon längst geschehen sein, wenn nicht unsere Erziehung, unsere unbändige Leichtgläubigkeit und die gegenwärtige Lage der Sache entgegen wären.

DOMPROPST *verzieht sein Gesicht zu einem aufgesetzten Grinsen:* Ha, das haben sie nicht geschafft. Und ihre Nachfahren gleich gar nicht. Und wo soll das auch hinführen – die Bibel kein geheiligtes Buch. Was sollten die Menschen denn dann studieren?

LICHTENBERG: Physik …

DOMPROPST: Physik, natürlich, hätte ich mir bei Ihnen ja auch denken können.

LICHTENBERG: Physik ist wahrlich das eigentliche Studium des Menschen. Theologie entbehrt man alsdann leicht.

DOMPROPST: Und ein Physik-Professor wie Sie steigt demnach jeden Sonntag auf die Kanzel und predigt den Menschen … – ja von was? – wie man Blei zu Gold macht!? Oder wie stellen Sie sich das vor? Und wer bringt den Menschen bei, wie man den allmächtigen dreifaltigen Gott zu preisen habe?

LICHTENBERG: Was für ein Kriegen und Streiten und Rennen für Gottes-Verehrung. Man sollte zu manchen Zeiten fast geglaubt haben, der Mensch lebe bloß, um zu beten und Gott zu verehren. Ich bin überzeugt, daß hierin das meiste bloßer Auswuchs ist. Es gibt schlechterdings keine andere Art Gott zu verehren, als die Erfüllung seiner Pflichten, und Handeln nach Gesetzen, die die Vernunft gegeben hat. Es ist ein Gott kann meiner Meinung nach nichts anderes sagen, als ich fühle mich bei aller meiner Freiheit des Willens genötigt, Recht zu tun. Was haben wir weiter einen Gott nötig? Das ist er.

DOMPROPST: Sehen Sie, dieser vermaledeite Pragmatismus ist es auch, den ich Lessing vorwerfe. Dann gehen Sie natürlich auch nie in die Kirche!?

LICHTENBERG: Weil ich nicht absehe, warum ich immer das Abc noch in Dingen anhören soll, worin ich seit 20 Jahren schon ziemlich lesen kann.

DOMPROPST *erschrocken:* Etwa auch zu Beerdigungen nicht?

LICHTENBERG: Was das Glockenläuten zur Ruhe der Verstorbenen beitragen mag, will ich nicht entscheiden; den Lebendigen ist es abscheulich.

DOMPROPST: Wenn Sie von der Religion als solcher schon so indifferent denken, dann spielen solche – *betont scharf* – Kleinigkeiten wie konfessionelle Unterschiede bei Ihnen natürlich auch keine Rolle.

LICHTENBERG: Wenn man drei in hohem Grade rechtschaffene Menschen A, B, C zusammenbrächte, wovon der erste ein Protestant, der andere ein Katholik und der dritte etwa ein Fichtianer wäre, und man sie genau prüfte, so würde man finden, daß sie alle drei ungefähr denselben Glauben an Gott haben, aber keiner den ganz, zu welchem er sich bekennen würde, wenn er bekennen müßte, in Worten versteht sich.

DOMPROPST: Jaja, ich weiß schon, was Sie sagen wollen. *Winkt ab.* In allen Konfessionen steckt im Kern ohnehin Ihre sogenannte natürliche oder Vernunft-Religion, die Oberfläche ist dann nur noch – wie sagten Sie eben? – bloßer Auswuchs?

LICHTENBERG *breitet die Arme aus, grinst:* Eins rauf, mit Mappe!

DOMPROPST: Ja, aber das sind doch Spitzfindigkeiten, Herr Lichtenberg, jetzt mal Butter bei die Fische. Sie sind doch wohl auch froh darüber, daß unser großer Reformator Martin Luther mit der katholischen Infamie aufgeräumt hat.

LICHTENBERG *hinterhältig:* Dem Papst einen Bart machen, heißt das reformieren?

DOMPROPST: Ha, ich möchte wohl wissen, was es heute geben würde, wenn ganz Europa immer noch erzkatholisch wäre.

LICHTENBERG: Wenn alles so fortgegangen wäre wie vor einigen Jahrhunderten, so würde der Papst göttlich verehrt, und sein Dreck nach Karaten geschätzt und verkauft worden sein, ja man hätte wohl gar die Bibel angefangen: Am Anfang schuf der Papst Himmel und Erde.

DOMPROPST *strahlt:* Na, hier sind wir uns mal einig. Und wissen Sie, woran das liegt? An der …

LICHTENBERG: … vießmäßigen Stupidität des gemeinen katholischen Pfaffen-Pöbels.

DOMPROPST: Unter uns, ich bin sogar der Ansicht, daß die katholische Religion schlechterdings keine christliche ist.

LICHTENBERG: Ob es irgend eine der protestantischen ganz sei, lasse ich unentschieden.

DOMPROPST: Moooomentchen, ja Kruzitürken … *verflüchtigt sich langsam,* ich werde soeben zurückgeholt … *spricht überhastet:* aber ich komme wieder, darauf können Sie sich gefaßt machen. Und dann haben Sie hoffentlich bessere Argumente zur Hand als diese paar Abgeschmacktheiten … *drohend:* ich kriege Sie schon no…

LESSING *hinter der Kulisse:* Isser weg?

LICHTENBERG: Ja, Gotthold, kannst rauskommen!

LESSING *erleichtert:* Danke, alter Freund. Hast einen gut bei mir. Erinnere mich daran, wenn mal wieder einer von der Lichtenberg-Gesellschaft reinschneit.

Rezensenten »Wenn er eine Rezension verfertigt, habe ich mir sagen lassen, soll er allemal die heftigsten Erektionen haben.« Nun, vielleicht ist was dran, aber wir wollen so etwas natürlich nicht unterstellen. Sicher ist es die Ausnahme. Wenn sich nun aber jemand aus der geschätzten Rezensentenschaft ertappt fühlen sollte und infolgedessen unserem Büchlein nicht die Aufmerksamkeit zuteil werden läßt, die es verdient, so möge er gewiß sein, daß wir uns darob nicht sehr grämen; bleiben wir doch einer weiteren Maxime Lichtenbergs immer eingedenk: »Die Rezensionen sind bei weitem noch keine Gottesurteile.« Und wenn Sie sich auf den Kopf stellen …

S

Schwärmerei Das 18. Jahrhundert, zumal das auslaufende, ist nicht frei von Untiefen, die den ruhig dahinsegelnden Nachen der Vernunft ein ums andere Mal bedenklich ins Schlingern bringen – und zwar ob ihrer gefährlichen irrationalen Strömungen (um hier mal im Bilde zu bleiben). Wo man auch hinschaut, so muß es jedenfalls jenen aufgeklärten Geistern wie Lichtenberg vorgekommen sein, immer und überall lauern die Schwärmer: abgefeimte Taschenspieler à la Cagliostro, Somnambulisten, Mesmerianer, Magnetisten, Rosenkreuzer, Kabbalisten, pietistische Deliranten, Obskuranten, Eudämonisten und andere orthodoxe Schwarmgeister, vor allem aber falsche Propheten wie jener Clausthaler Pastor primarius Conrad Siegmund Ziehen, der anno 1780 die Herzöge von Braunschweig-Lüneburg und Braunschweig-Wolfenbüttel vor dem ins Haus stehenden großen Beben warnen zu müssen glaubte: »Es sind Anzeigen vorhanden, aus welchen erhellet, daß uns große, noch nie erhörte Erderschütterungen bevorstehen. … Einige Tausend kleine und große Ortschaften werden dadurch zu Grunde gerichtet werden. Die Sache selbst ist gewiß, auch der Zeitraum, in welchem dieses zerstöhrende Erdbeben erfolgen wird, lässet sich, wenn ich den äussersten Zeitpunkt des gänzlichen Erfolgs weit genug hinaus setze, mit völliger Gewisheit bestimmen. Die weiteste Zeit ist Ostern 1786.« Also doch schon so früh! Blieben noch (im besten Falle) sechs lange

Jahre für die halbgebildete Bevölkerung, sich zu Tode zu ängstigen, jedes aufziehende Wölkchen als schlechtes Omen zu nehmen und schließlich völlig entnervt zu Kreuze zu kriechen, mit anderen Worten schutzsuchend zum rechten orthodox-protestantischen Glauben zurückzufinden. Nette Idee des ausgeschlafenen Superintendenten, der freilich seine Rechnung ohne Lichtenberg gemacht hatte. Der läßt eine kritische, aber – wohl aus Pietät, denn Ziehen war unterdessen gestorben – verhältnismäßig moderat formulierte Replik vom Stapel und seziert darin mit naturwissenschaftlichem Besteck »die Abgeschmacktheiten dieser elenden Broschüre«. Aber nicht alle, schon nach einigen Beispielen bricht er ab, um dem Machwerk ja nicht zu viel Bedeutung beizumessen. Der Schluß klingt dann fast schon wieder versöhnlich (im Vollgefühl des Triumphes, Ziehen den Garaus gemacht zu haben): »Herr Z. hat auch geweissagt, daß mancher bei seinem Buche lächeln würde, und gewiß befindet er sich jetzt vor Gott mit unter der Zahl« – der Lächelnden!
Aber Lichtenberg kartätscht nicht nur einige konkrete Auswüchse anti-aufklärerischen Denkens (↑Proselytenmacherei; Physiognomik), sondern setzt sich auch grundsätzlich damit auseinander, so in seiner *Antwort auf das Sendschreiben eines Ungenannten über die Schwärmerey unserer Zeiten*. Hier schert er alle schwarzen Schwärmer-Schafe über einen Kamm und läßt vor allem an den literarischen kein gutes Haar. Denen rückt er sinnigerweise in versifizierten Passagen, »Proben« eines satirischen Alexandriner-Langgedichts, zu Leibe:

Das Volk das Plato einst aus seinem Staat verbannt
Scheint ganz zu uns geflücht't und überströhmt das Land.
Was kaum noch Prose lallt' will schon in Reimen schwatzen
Und alles piept und tschirpt wie Finken und wie Spatzen,
Glaubt Ehr' und Nahme sey blos Dichter-Eigenthum,

Ja mancher Sechziger hälts noch für Heldenruhm,
Im rauhen Raben-Ton Orakelzeug zu krächzen,
Und gar in Liederchen Flicksäufzerchen zu ächzen.

Was also gerade noch in Prosa lallte, maßt sich schon das Dichten an – damit ist klar, wem er da die Leviten liest, dem jungen empfindsamen Enthusiasten, dem kraftgenialischen Sturm-und-Drang-Poeten:

Zeig alles was du willst, nur nicht Castratenzwang;
Was Dir an Mannkraft fehlt, ersetz' stracks durch Gesang.

Vehement und immer wieder, in den Sudelbüchern ebenso wie in seinen Briefen, wendet er sich gegen die »verderbliche Geniesucht«, gegen die »poetische Faselei junger Leute, bei denen der Kopf noch im Wachsen begriffen ist« und »bei denen der Mund übergeht, wovon das Herz *nicht* voll ist«.

Kurzum: Enthusiasten schreiben über ihre Verhältnisse. Ihr Gefühlsüberschwang ist nicht individuell verantwortet, sondern bloße Pose, ihre krause Kraftmeierei nur »erstimulirte Kraft«. Lichtenberg spricht den Sturm-und-Drang-Genies damit gerade ab, was sie vor allem forderten und auch schon eitel für sich beanspruchten: Authentizität und Originalität. Es bedarf nun mal einer Menge Kunstverstand, »unter Tausenden von Ausdrücken« den zu finden, »der augenblicklich Gedanken wieder zu Empfindungen macht« und somit so etwas wie Authentizität suggeriert. Diese Fähigkeit zeichnet den wirklichen Dichter aus, einen Forster oder Wieland. Aber die »kleine Seele geschmückt mit dem Apparatus einer größeren weiß sich nicht darein zu schicken« und produziert deshalb notwendig etwas Unechtes, Affektiertes.

Und noch etwas hat er an den Schwärmern auszusetzen. Sie reden wirr: »Ja mancher Sechziger hälts noch für Heldenruhm, / Im rauhen Raben-Ton Orakelzeug zu krächzen.« Das ist kein geringerer als Klopstock, der bei Erscheinen dieser Verse 59 Lenze zählt und in Göttingen eine besondere Rolle spielt, weil der lokale Geniekreis um Boie, der ↑Göttinger Hainbund, ihn sich zum ersten Hausheiligen erkiest. Solcherart Verdunkelung des Ausdrucks, wie auch immer diese ästhetisch legitimiert sei, kann der unverbesserliche Aufklärer, dem ein »Senfkorn von Sache« immer noch mehr gilt als ein »ganzes Kapitel schöner Ausdrücke«, nun ganz und gar nicht nicht tolerieren: »Es gibt eine Art von leerem Geschwätz, dem man durch Neuigkeit des Ausdrucks, unerwartete Metaphern das Aussehen von Fülle gibt. Klopstock und Lavater sind Meister darin. Im Scherz geht es an. Im Ernst ist es unverzeihlich.« Denn dieser dithyrambische »Schwurbel« transportiert nichts von Belang.

Nun ist Lichtenberg kein Scheuklappen-Rationalist vom Schlage eines Nicolai. Aus eigener abergläubischer Erfahrung weiß er um das metaphysische Bedürfnis der Menschen und glaubt durchaus an die Notwendigkeit eines irrationalen Impulses, eines »furor divinus« beim künstlerischen Schaffensakt. Seiner Ansicht nach kann nur die »Gabe einer glücklichen Schwärmerei« – der Begriff hat also auch eine positive Dimension – die engen Grenzen von »Vernunft und Erfahrung« aufheben und dem Kunstwerk so etwas wie Singularität verleihen: »Vernunft und Erfahrung können zwar bei einem Schriftsteller einigermaßen die Haushaltung für die Empfindung führen, wenn er beide in einem sehr großen Maße besitzt, nie wird er aber sein Werk durch Züge erheben können bei deren Erblickung der feinste Nachahmer bekennen muß, sie lägen außer seinem Sprengel.« Das vermag eben nur jener glückliche Schwärmer, der »feineren Aberglauben mit gesunder Vernunft in der gehörigen Proportion zu mischen gelernt« hat. Sein Werk enthält Einsichten, die der bloßen Ratio verschlossen bleiben müssen: »Es scheint als wenn sich der Himmel die Mitteilung besonderer Gedanken und Entdeckungen selbst vorbehalten hätte da sie so selten die Frucht des Fleißes sind.«

Eine solche domestizierte Form der Schwärmerei ist mit Lichtenbergs Aufklärungsverständnis also durchaus vereinbar. Er sieht in ihr nur ein weiteres »heuristisches Hebzeug« komplementär zur Vernunft, ein zusätzliches Organon zur Erkenntnisfindung, das ähnlich dem Traum einigen Aufschluß über die irrationalen Bereiche des Menschen zu geben imstande ist. Um die unbändigen Gewitter der Einbildungskraft zu beherrschen, braucht es freilich den Blitzableiter der Vernunft. Und nur ein Schwärmer meint darauf verzichten zu können.

Selbstmord »Freunde! Ich stehe jetzo vor der Decke im Begriff sie aufzuziehen, um zu sehen ob es hinter derselben ruhiger sein wird als hier. Es ist dieses keine Anwandlung einer tollen Verzweiflung, ich kenne die Kette meiner Tage aus den wenigen Gliedern die ich gelebt habe zu wohl. Ich bin müde weiter zu gehen ... Hier nimm meinen Stoff wieder, Natur, knete ihn in die Masse der Wesen wieder ein, mache einen Busch, eine Wolke, alles was du willst aus mir, auch einen Menschen, aber mich nicht mehr. Dank sei es der Philosophie, daß mich jetzo keine frommen Possen in dem Zug meiner Gedanken stören. Genug ich denke, ich fürchte nichts, gut, also weg mit dem Vorhang! – –«
Rede eines Selbstmörders kurz vor der Tat aufgesetzt, ist dieser Sudelbuch-Eintrag überschrieben. Eine kleine fiktionale Apologie des Selbstmords einige Jahre vor dem *Werther*. Lichtenberg, der witzige Causeur, eloquente Gesellschafter und durchaus lebensfrohe Hedonist, konnte bisweilen also eine reichlich moribunde Phantasie entwickeln. Und das augenscheinlich nicht erst in späteren, zunehmend von Krankheit überschatteten Jahren: »Ich habe schon auf Schulen Gedanken vom Selbstmord gehegt, die den gemeinhin angenommenen in der Welt schnurrstracks entgegen liefen, und erinnere mich, daß ich einmal lateinisch für den Selbstmord disputierte und ihn zu verteidigen suchte.« Als Hofmeister, kurz vor der Ernennung zum Extraordinarius an der Göttinger Universität, verwendet er offenbar noch mehr Zeit auf solche ketzerischen Gedankenspiele: »Im August 1769 und in den folgenden Mo-

naten habe ich mehr an den Selbst-Mord gedacht als jemals vorher, und allezeit habe ich bei mir befunden, daß ein Mensch bei dem der Trieb zur Selbst-Erhaltung so geschwächt worden ist, daß er so leicht überwältigt werden kann, sich ohne Schuld ermorden könne.«

Das sind nun in der Tat Gedanken, die den gemeinhin angenommenen im 18. Jahrhundert schnurrstracks entgegenlaufen. »Selbstentleibung ist ein Verbrechen (Mord)«, behauptete noch 1797 ein so kluger Kopf wie Immanuel Kant in seiner *Metaphysik der Sitten*. Denn: »Die, wenngleich nicht vornehmste, doch erste Pflicht des Menschen gegen sich selbst, ist die Qualität seiner Thierheit, ist die Selbsterhaltung seiner animalischen Natur.« Das ist nun im Grunde nichts anderes als der im leicht skurrilen Philosophenjargon gewandete christliche Grundsatz, demzufolge es allein dem Allmächtigen – und nicht uns armen Sündern auf Erden – zustehe, über Gedeih und Verderb des menschlichen Lebens zu befinden. Ein eherner Imperativ, der den Selbstmörder umstandslos zum Verbrecher stempelte und ihn post festum aus der Gesellschaft ausstieß. Für so einen war das »Hunde- und Eselsbegräbnis« gerade gut genug. Man versagte ihm Sterbesakramente, Totenmesse und Glockengeläut, setzte ihn auf dem Schindanger bei – und die Kirche konfiszierte sein Hab und Gut. Das wurde nämlich so gerade noch nicht durch diese Tat befleckt. Die Hinterbliebenen hatten somit neben der Trauer über den Verlust eines Verwandten auch noch den Schimpf der Gemeinde zu ertragen und empfindliche monetäre Einbußen hinzunehmen. Und nicht nur die Pfaffen strikter Observanz hielten an dieser kruden Praxis fest. Zwar hatte sich Voltaire vehement dagegen gewandt, und auch Rousseau plädiert in seiner *Nouvelle Héloïse* für den grundsätzlichen Autonomieanspruch des Menschen, aber das war eben Frankreich. In Deutschland urteilte noch so ein warmherziger Philanthrop wie Moses Mendelssohn: »Selbst schuld.« Und zwar deshalb, weil die »Heftigkeit der Leidenschaften, die den zum Selbstmord entschlossenen foltert, … der Zulässigkeit seiner Handlung kein Gewicht geben« kann. Kurzum, wer sich dergestalt von seinen Lastern und Leidenschaften überwältigen läßt, anstatt auf die Stimme der Vernunft zu hören, hat eigentlich nichts Besseres verdient.

Lichtenberg war da anderer Ansicht. Er sprach der Ratio weitaus weniger Wirkungsmacht zu und glaubte auch nicht, daß man einer tief empfundenen Todessehnsucht so einfach mit Argumenten beikommen könne: »Man schreibt wider den Selbstmord mit Gründen die unsere Vernunft in dem kritischen Augenblick bewegen sollen. Dieses ist aber alles vergeblich, so lange man sich diese Gründe nicht *selbst* gefunden hat, das heißt, so bald sie nicht die Früchte, das Resultat unserer ganzen Erkenntnis und unsres erworbenen Wesen sind. Also alles ruft uns zu, bemühe dich täglich um Wahrheit, lerne die Welt kennen, befleißige dich des Umgangs mit rechtschaffnen Menschen, so wirst du jederzeit handeln wie dirs am zuträglichsten ist, und findest du dereinst den Selbstmord für zuträglich, das heißt sind alle deine Gründe nicht hinreichend dich abzuhalten, so ist er dir auch – erlaubt.«

Erlaubt also schon – nur eben unter bestimmten Bedingungen. Erst wenn sich der Lebensmüde wirklich um Besonnenheit, eine gewisse Weltläufigkeit und einen möglichst regen gesellschaftlichen Verkehr in aufgeklärten Kreisen bemüht hat, hat er sich auch das Recht erwirkt, aus der Welt zu scheiden. Und dieses Recht billigt er einem schwärmerischen »Hasenfuß« wie Werther, der sich allein durch »Indolenz, Unverstand und Unerfahrenheit in allem was ernste Wissenschaft heißt« auszeichne, eben nicht zu. An seinen Freund und Verleger Dieterich, der ihm den Roman nach England gesandt hatte, schreibt er dankend: »Ich glaube, der Geruch eines Pfannkuchens ist ein stärckerer BewegungsGrund in der Welt zu bleiben, als alle mächtig gemeinten Schlüsse des jungen Werthers sind aus derselben zu gehen.«

Werther ist ihm nur die Personifikation des jungen Enthusiasten, bei dem »der Kopf noch im Wachsen begriffen« und der sein Leben deshalb für ein bißchen falsches Pathos wegzugeben fähig ist. Daher dann wohl auch seine geradezu idiosynkratische Reaktion auf den Roman. Wie auch andere dem späten Rationalismus verpflichtete Zeitgenossen – Lessing, Matthias Claudius, Christian Garve und Friedrich Nicolai – macht er Goethe den Vorwurf, diesen genialisch Verblendeten auch noch die literarische Firmung erteilt zu haben, anstatt ihnen gehörig ins Gewissen zu reden: »Wer seine Talente nicht zur Belehrung und Besserung anderer anwendet ist entweder ein schlechter Mann oder äußerst eingeschränkter Kopf. Eines von beiden muß der Verfasser des leidenden Werthers sein.« Und an einer späteren Stelle des Sudelbuchs F gibt er zu bedenken: »Wenn Werther *seinen* Homer (ein albernes Mode-Pronomen) würklich verstanden hat, so kann er sicherlich der Geck nicht gewesen [sein], den Goethe aus ihm macht. Ich meine hier nicht den Unglücklichen, dessen Geschichte jenes Buch veranlasset haben soll [also die historische Figur des Karl Wilhelm Jerusalem], der war würklich und also auch möglich, sondern schlechterdings das Quodlibet von Hasenfuß und Weltweisen.«

Denn ein echter Philosoph kann nun mal kein Schwärmer sein. Und ein echter Philosoph hätte sich auch zunächst und vor allem um Vergesellschaftung bemüht, laut Lichtenberg die einzig rechte Arznei bei seelischer Schwarzgalligkeit: »Öfters allein zu sein, und über sich selbst zu denken, und seine Welt aus sich zu machen kann uns großes Vergnügen gewähren, aber wir arbeiten auf diese Art unvermerkt an einer Philosophie, nach welcher der Selbst-Mord billig und erlaubt ist, es ist daher gut sich durch ein Mädgen oder einen Freund wieder an die Welt anzuhaken, um nicht ganz abzufallen.«

Wenn aber auch die gesunde Vernunft, das Wohlwollen und die Empathie der Freunde sowie die Fähigkeit zur Selbstironie oder zur Distanzierung von den eigenen Qualen – wenn also nichts mehr den Lebensüberdruß bewältigen kann, dann möge man sich auch nicht weiter von den »frommen Possen« der Theologen stören lassen. Lichtenberg jedenfalls empfindet es als einigermaßen tröstlich,

»daß das Lot Pulver kaum 4 Pfennig kostet. Zu leben, wenn man nicht will, ist abscheulich, aber noch entsetzlicher wäre es unsterblich zu sein, wenn man nicht wollte. So aber hängt die ganze erschreckliche Last an mir vermittelst eines Fadens, den ich mit einem Groschenmesser entzwei schneiden kann.« Und das ist doch in der Tat ein Trost.

Sprache und Erkenntnis »Ein vernünfftiger Man kann auch sagen 2 mal 2 ist 5, *aussprechen* solte man sagen, aber nie kan er es dencken. Ich habe daher schon offt gewünscht, daß es eine Sprache geben mögte worin man eine Falschheit gar nicht sagen könte, oder wo wenigstens jeder Schnitzer gegen die Wahrheit auch ein Grammaticalischer wäre.«

Das ist natürlich absurd. Und zwar nicht nur, weil eine solche Sprache sich praktisch nicht realisieren läßt, das weiß auch Lichtenberg, sondern vor allem deshalb, weil das schon theoretisch resp. logisch nicht klappen kann. Selbst in einer Sprache, die der Wirklichkeit vollkommen entspricht, ist immer noch eine Lüge möglich, weil diese ja eine potentielle Wirklichkeit entwirft, eine Wirklichkeit, wie sie hätte eintreffen können. Wenn eine Lüge ausgeschlossen wäre, wäre es mithin auch die Dichtung oder der Konjunktiv – und das hätte Lichtenberg nun wahrhaftig nicht gewollt.

Aber Schluß mit diesen Sophistereien, was Lichtenberg bemerkt und kritisch zu reflektieren beginnt, damit steht er in seiner Zeit ziemlich allein auf weiter Flur (selbst ein Kant macht sich darüber noch keine Gedanken), ist folgendes: Es gibt eine unüberbrückbare Kluft zwischen Wort und Welt. Alles, was wir zur Sprache bringen, wird von ihr sogleich verformt. Und das erweist sich für den Philosophen als besonders prekär: »Die Erfindung der Sprache ist vor der Philosophie hergegangen, und das ist es, was die Philosophie erschwert, zumal, wenn man sie andern verständlich machen will, die nicht viel selbst denken. Die Philosophie ist, wenn sie spricht, immer genötigt, die Sprache der Unphilosophie zu reden.« Mit anderen Worten: »Un-

sere falsche Philosophie ist der ganzen Sprache einverleibt; wir können so zu sagen nicht raisonieren, ohne falsch zu raisonnieren.« Deshalb sei die »ganze Philosophie« zunächst mal nichts anderes als »Berichtigung des Sprachgebrauchs«. Wenn Wittgenstein hundertfünfzig Jahre später in seinem *Tractatus logico-philosophicus* (Satz 4.0031) konstatiert: »Alle Philosophie ist ›Sprachkritik‹«, dann zeigt das sehr deutlich, von wem er gelernt hat – und doch wohl auch die vielgepriesene Modernität Lichtenbergs.
Die von ihm bemerkte Insuffizienz der Sprache zeigt ihre fatale Wirkung freilich nicht nur in der Philosophie, jeder Versuch, auf verbalem Wege Wirklichkeit zu bezeichnen, und sei diese noch so trivial, ist davon betroffen. Auch und gerade die Rede über Emotionen: »Eine Empfindung die mit Worten ausgedruckt wird, ist allzeit wie Musik, die ich mit Worten beschreibe, die Ausdrücke sind der Sache nicht homogen genug.« Sie sind zu grob. Aus der unmittelbaren Anschauung wird ein Begriff, und dadurch büßt das Phänomen seine Unmittelbarkeit und Individualität ein. Oder mit Schiller zu reden: »Spricht die Seele so spricht, ach schon die Seele nicht mehr.«
Diese der Sprache immanenten Abstrahierungstendenzen zu unterlaufen, ist nun das erklärte Ziel Lichtenbergs. Und das hat vor allem erkenntnistheoretische Ursachen. Lichtenberg weiß, daß es in der Natur keine Gattungen gibt, sondern nur Individuen. Erst das defizitäre menschliche Bewußtsein, das nur über die Abstraktion, also die Aufhebung des konkreten, individuellen Phänomens Erkenntnisse über eben dieses erlangen kann, bringt derartige Ordnungskategorien hervor: »Die Natur schafft keine genera und species, sie schafft individua und unsere Kurzsichtigkeit muß sich Ähnlichkeiten aufsuchen um vieles auf einmal behalten zu können. Diese Begriffe werden immer unrichtiger je größer die Geschlechter sind, die wir uns machen.« Die begrifflich-rationale Durchdringung der Natur führt gleichsam von ihr weg, ist also mit einem Verlust an Empirie, das heißt der Individualität ihrer Phänomene erkauft.

Wenn in der Natur aber nur Individuen existieren, sind folglich auch Wahrnehmung und Erkenntnisprozeß der Menschen individuell verschieden und nicht ohne weiteres, also ohne wesentliche Erkenntniseinbußen objektivierbar: »Einen Menschen recht zu verstehen, müßte man zuweilen der nämliche Mensch sein, den man verstehen will.« Demnach kann es keine allgemeinen, sondern nur noch relative Wahrheiten geben – solche nämlich, die vom einzelnen Subjekt verantwortet werden können, die gesättigt sind von dessen empirischen Erfahrungen. Und wenn rationale Erkenntnis der Natur schon nicht ohne Verlust der Empirie abgeht und mit steigendem Abstraktionsgrad »immer unrichtiger« wird, dann freilich gilt es, komplexen Gedankengebäuden zu mißtrauen und sich mit punktuellen und damit leichter empirisch zu fundierenden Wahrheiten – Lichtenberg spricht denn auch von »Pfennigs-Wahrheiten« – zu bescheiden.
Auf die Sprache gewendet, um diesen kleinen erkenntnistheoretischen Holzschnitt mal zu einem Ende zu bringen, bedeutet das für Lichtenberg, der Empirie mit den Worten hart auf den Fersen zu bleiben und ihr ohnehin nicht zu verhinderndes Abstraktionswerk durch die »stärkstindividualisierende Ausdrückung«, das heißt durch äußerste sprachliche Konkretisierung wenigstens zu begrenzen: also lieber »Seelsorger statt Prediger, Dummkopf statt Stutzer, Wassertrinker statt Anakreontischer Dichter« zu schreiben, mit einem Wort das »besondere statt des allgemeinen«. Lichtenberg sucht nach dem »Ausdruck, der dem Gedanken sitzt wie angegossen«. Und letzterer sitzt doch nun wirklich 1a.

T

To bäh or not to bäh »... that is the question.« Die Lichtenberg mit einem klaren Nein beantwortet wissen wollte. Also: not to bäh. Es geht um nichts Geringes in dieser Frage, es geht um das Blöken der Hammel in der griechischen Antike, genauer um die *Pronunciation der Schöpse des alten Griechenlands verglichen mit der Pronunciation ihrer neuern Brüder an der Elbe: oder über Beh, Beh und Bäh, Bäh* – so der Titel einer Streitschrift Lichtenbergs, in der er ein polemisches Feuerwerk abbrennt gegen die »schulfüchselnde Rechthaberei« des jungen, aber schon damals bekannten Alt-Philologen, Hainbündners und Homer-Übersetzers Johann Heinrich Voß. Was hat bei Lichtenberg diesen gewaltigen Groll erregt?

Voß hatte, wie vor ihm schon Erasmus und andere Gelehrte, die These aufgestellt, das griechische Eta (η) sei – im Gegensatz zum heller klingenden Epsilon – nicht wie bisher mit e, sondern angemessener mit dem Umlaut ä zu transliterieren, denn so hätten es die Alten ausgesprochen. Seine Beweisführung stützt sich vor allem, von den allzu umständlichen sprachgeschichtlichen Erörterungen hier mal abgesehen, auf das Bähen der »Schöpse«, eben der Hammel, das in der griechischen Literatur als βηβη dargestellt werde. Sogleich gibt es Einwände von kundiger Seite. Voß' ehemaliger Lehrer, der in Göttingen über die Maßen beliebte Alt-Philologe Heyne, befürchtet, jener werde nur alle »Freunde der Litteratur« dadurch abschrecken. Denn: »so müßte ja auch Homär, Häsiod, Härodot s. w. geschrieben werden. Wird man nicht auch unsern Heiland Jäsus schreiben müssen?«

Als Voß dieser Notiz eine grob anmaßende, geradezu höhnische Verteidigung folgen ließ, die den Universitätsangehörigen um so perfider vorkommen mußte, als Heyne seinen Schüler sehr unterstützt und ihm beruflich den Weg geebnet hatte, und als er sich dann auch noch gegen Lichtenberg wandte, der sich in seinem *Göttingischen Magazin* einen harmlosen Scherz über die Schreibung »Hr. Jäsus« erlaubt hatte, war das Maß voll. Lichtenberg rannte an gegen dessen »Schulfüchsige Neuerungen« und den vermeintlichen Beweis, die Griechen hätten »den Namen des schönsten Mädchens im Himmel nicht *Hebe* ausgesprochen, sondern hähbäh geblökt«. Vor allem aber unternahm er eine Ehrenrettung Heynes. Nur so ist sein Furor zu verstehen, der sich hier in ziemlich grober Weise Luft macht: Der Leser dieser »Vertheidigung des Schöpsenlauts«, so er auch nur »das mindeste Gefühl für das schöne und schickliche« habe, »wird bekennen müssen: es sey unmöglich über so ganz nichtswürdige Gegenstände ekelhafter zu schreiben als Hr. Voß«. Etwas maßlos, selbst für Lichtenbergsche Verhältnisse.

Voß stänkerte zurück mit seiner *Vertheidigung gegen Herrn Prof. Lichtenberg*, worauf dieser dann zu einem zweiten großen – immerhin 72 Seiten langen – Schlag ausholte: *Ueber Hrn. Vossens Vertheidigung gegen mich im März/Lenzmonat des Deutschen Museums 1782* (der als Motto die eingangs zitierte Kontrafaktur des Hamlet-Monologs trägt). Und Voß schickte abermals eine Replik hinterher, seine *Ehrenrettung gegen den Herrn Professor Lichtenberg*.

Wenn wir die harschen und oftmals persönlichen Anwürfe und Beleidigungen, die den beiden nun nicht gerade zum Vorteil gereichen, und die vielen polemischen Abschweifungen mal beiseite lassen, haben wir hier so etwas wie einen exemplarischen Fall, an dem sich die unterschiedlichen Auffassungen studieren lassen, die bei jeder Orthographie-Reform notwendig aufeinandertreffen. Da ist auf der einen Seite der Philologe, der mit seinem abstrakt-wissenschaftlichen Befund vielleicht sogar im Recht – Voß' These ist mittlerweile communis opinio der Altphilologie! –, zumindest aber von dessen Richtigkeit überzeugt ist und sie deshalb verabsolutieren zu können meint. Und auf der anderen Seite steht der Pragmatiker, der gegen die kalten Vernunftgründe die natürlich gewachsene Tradition und Sprachpraxis ins Feld führt. So lehnt Lichtenberg Voß' Vorschlag nicht nur ab, weil sich seiner Ansicht nach kaum »ausmachen läßt, ob das *η* wie *ä* geklungen habe«. Eine Änderung der eingebürgerten Schreibweise hält er auch dann nicht für tunlich, wenn die neue »geometrischfeste Gründe für sich hätte«. Einmal weil sie wegen ihres ungewohnten Schriftbilds zu Irritationen führe, zum anderen weil die historisch gewordene Sprache eine eigene, höhere Wahrheit für sich beanspruchen könne. Letzteres hat Voß zum Teil selbst eingeräumt, so will er bei gewissen »durch die Tradition geheiligten« Namen durchaus Ausnahmen gelten lassen. Kein Herr Jäsus also!

Damit allerdings stellt sich sogleich die Frage nach der Differenzierung: Wann ist die neue Schreibung anzuwenden, wann nicht? Mit anderen Worten, lassen sich deutliche Unterscheidungskriterien finden? Und lassen sich die dann auch didaktisieren? Lichtenberg hat diese Probleme vorausgesehen und in seiner zweiten Streitschrift in Form eines kleinen Dialogs vergegenwärtigt. Darin versucht Rektor Voß vergeblich, einem Schüler die orthographische Neuerung beizubringen:

Der Rector. Nun weißt du also, Junge: *η* wird im Deutschen mit *ä* ausgedruckt …

Der Schüler. Also müssen wir, wenn wir deutsche Hexameter machen, künftig *Aithär* statt *Aether* und *Profät* statt *Prophet*, auch wohl *Poiät* statt *Poet* schreiben?

R. Ja, untersteh' dichs!

S. Aber warum denn nicht, Hr. Rector?

R. Bist du blind? Habe ich nicht im deutschen Museum S. 225 ausdrücklich gesagt, wir müssen den *Sprachgebrauch* ehren, wo er über deutsch gewordene Wörter *zu laut* entschieden hat?

S. Aber *zu laut*, Hr. Rector, wie laut ist denn das? dürfen wir denn *Jäsus* schreiben?

R. Höre, Junge, ich sag dirs zum letzten mal, laß mir den Namen weg, oder du sollst sehen. Du weist ja, und ich sage es alle Tage, heilige und ehrwürdige Nahmen dürfen schlechterdings nicht mit einem *ä* geschrieben werden, und ich bekenne offenherzig, der Mann der diesen Namen in einem neuen Testament mit einem *ä* aufführte, verdiente das Hals-Eisen.

S. Nun sehe ich es ein. Man druck *η* im deutschen durch *ä* aus, ausgenommen 1) wenn der Sprachgebrauch zu laut darwider entschieden hat, 2) wenn die Nahmen heilig sind. Also schreibt man doch *Homär* und *Härodot*, denn das sind ja keine heiligen Nahmen?

R. Habe ich meinen Tag einen solchen Idioten gesehen! Nein! du mußt schreiben *Homer* und *Herodot* …

S. Aber lieber Himmel, Hr. R., warum denn schon wieder nicht. (weint.)

R. Das sind bekannte Nahmen, Flenn-Elz, und bekannte Nahme schreibt man auch nicht mit einem *ä*. Sag also an: drittens etc.

S. Drittens bey *sehr bekannten* Nahmen. (indem er sich die Augen wischt.)

R. Richtig. Denn was *sehr* bekannt ist, weiß jedermann, und was jedermann weiß, ist sehr bekannt.

…

Das war boshaft, aber treffend. Vossens Lehre hatte, auch wenn man von ihrer gänzlichen Ignoranz gegenüber der Tradition sowie der literarischen Praxis abzusehen gewillt war, doch zu viele Imponderabilien, als daß man sie so einfach hätte übernehmen können. Aber Lichtenberg ging es auch und vor allem ums Prinzip. Er wollte einen Präzedenzfall verhindern. Denn: Wenn man schon einmal am Modifizieren ist – warum sollte dann nicht auch gleich »von *Füsick* und *Metafüsick* und den *Äx-Jäsuiten*, und *haz* und *fürz* und *geschiz* statt *hat's* und *führt's* und *geschieht's*, und am Ende wohl gar von *mizzich* statt *mit sich*« die Rede sein dürfen? Eine törichte, aber immer hübsch rationalistische Begründung wird man schon dafür finden. Bei »Schifffahrt« hat das ja schließlich auch geklappt.

Tod Am 19. Februar 1799 beginnt seine Krankheit zum Tode, und sogleich schreibt Dieterich an Lichtenbergs Bruder Ludwig Christian, Schlimmstes befürchtend: »Er ist würklich sehr, ja sehr kranck. am vergangenen Dingstag abend ging von ihm, und wünschte ihm eine gutte Nacht, bey dem besten wohl befinden. Die nehmliche Nacht aber, über Fiehl Ihm seine alte Kranckheit, mit Seitten Stechen, husten und Bluth auß werffen, als woran er Er biß jetzo noch sehr leidet ... Gott helffe noch einmahl, und laße mich nicht Erleben Ihnen ein betrübtes Schicksaal Sagen zu müßen.«
So schlecht also war es um ihn bestellt. Die auch für die Verhältnisse des 18. Jahrhunderts einigermaßen krause Grammatik und Orthographie Dieterichs ist allerdings nicht der Aufregung geschuldet – der schrieb immer so. (Einer ähnlich anarchistischen Diktion befleißigte sich sonst wohl nur noch das lyrische »Fräuleinwunder« der Zeit, die Karschin!) Schon im folgenden Brief vom 25. Februar dann aber die für den geschwätzigen Verleger auffällig lakonische Todesnachricht: »Leider, leider, ist meine Furcht, und Schrecken gestern Morgen halb 9 Uhr ein getretten. Mein liebster, und bester Freund, den ich jemahls in der Welt gehabt habe, ist nicht mehr ...« Der Bruder beschwert sich, offenbar will er nähere Umstände des Todes wissen. Drei Wochen später liefert Dieterich dann, wie gewünscht, einen umständlicheren Bericht nach: »Er ... aß sein Abend Brodt, in meiner gegenwardt, und um 9. Uhr ging von ihm, und Wünschte Ihm eine Ruhige Nacht zu halten, ohne daß geringste zu merken. Er laß noch einen gedruckten Brief von Fichten geschrieben, so ich Ihm gebracht worauf Er auch gesund zu Bette gegangen. Allein diese Nacht von 19. biß auf den 20ten bekahm Er Husten, Stiche auf die Brust, auf Recht und lincker Seitte, der Doctor wurde sogleich gehohlt, und beym Husten zeigte sich Bluth Außwurf, welche Kranckheit Er schon einigemahl gehabt hatte. Den 21ten beßerte Er sich etwaß aber der 23te wurde es schlechter, und ... den Sontag Früh 8. Uhr war sein Lebens Faden abgerißen. Am Sonnabend Früh

bath er mich, ich möchte seine liebe Frau, da eben schön Wetter war mit meiner Frau außFahren laßen, und da Sie so viele Nächte nicht geschlaffen, würde Ihr diese Motion dienlich seyn. Meine Pferde waren aber ins Holtz, und Kahmen erst auf den abend zu Hause, so muste ich Ihm versprechen, den Sontag solches zu thun, und dan wann wir alleine wären, wolte Er sein Testament machen. Aber die Nacht um 2. Uhr standt ich auf Ihm zu besuchen war auch Ruhig und Schlummerte, um 5 Uhr ging ich wieder zu Ihm, allein Er wurde immer Schwächer, und Schlechter, ich ließ dem Hof Rath Richter als Zeugen, und um Hülffe Ruffen, sein Testament, hatte ich in der Geschwindigkeit, so viel als möglich, nach seiner, auch bey gesunden Tagen gethane außSage aufSetzen laßen, und dieses unterSchrieb Er mit Völligem Verstandt Zitternt aber, so daß Hof Rath Richter höhrte, daß Er sagte? so Schlecht, habe ich niemahls meinen Nahmen geschrieben, und hierauf dauerte es keine ½ Viertel Stunde, so Schlief Er ein. Dieses ist alles waß ich von seiner Kranckheit, und Ende Ihnen Sagen kan.«

Trinken Kurz vor Lichtenbergs Tod wohnen zwei Schüler Kants für eine Weile im Hause Dieterich, also mit ihm unter einem Dach. Einer der Gäste, von denen Lichtenberg nicht zuletzt wegen seiner »elenden Gesundheits-Zustände«, wie er im Dezember 1798 an Kant schreibt, wenig Notiz nimmt, ein gewisser Lehmann, schreibt später einen etwas gehässigen, aber sehr aufschlußreichen Brief an den Königsberger Lehrer: »Daß Lichtenberg so früh starb, daran war er wohl zum Theil selbst Schuld. Er führte bey seiner von Natur schwachen körperlichen Constitution (: denn er war ganz verwachsen:) und bey seiner sitzenden Lebensart ein recht wüstes Leben. Des Morgens stand er spät auf, gleich darauf trank er Kaffee, Spanischbitter und Wein. Zu Mittage ward auch wieder Wein getrunken. Nachmittag wieder Wein und Liquör, um sich immer munter zum Schreiben zu erhalten. Des Abends wurden viel Eyerspeisen gegessen und die halbe Nacht durch gelesen oder geschrieben. Nie verließ er sein Zimmer und genoß die frische Luft.«

Lichtenberg ein Trinker? Nun für jemand, der eine eigene Sauf- und Rauschlehre, die ↑»Methyologie«, zumindest doch bruchstückhaft skizziert hat, ist das vielleicht nicht mal verwunderlich. Und dieses Bild scheint sich zu bestätigen, wenn wir einen Blick in die Tagebücher werfen. Immer wieder ist dort die Rede von »etwas viel Wein«, »viel Wein«, »ziemlich viel Wein«; bisweilen ist ihm auch »nicht ganz so richtig wegen des gestrigen Weins«; oder er fühlt sich »Sehr elend im Unterleib vermutlich wegen des gestrigen 2erlei Weins und vielen Biertrinkens«. Dem letzteren scheint er also ebenfalls tapfer zugesprochen zu haben: »Viel Bier getrunken«, beichtet er dann mit sichtlich schlechtem Gewissen dem Diarium. Oder reichlich verkatert: »Viel Bier vorige Nacht ... Mützenbrand!!« Und dabei ist es nicht geblieben. Auch scharfe Sachen wie Schnaps, Krambambuli (den Danziger Wacholderschnaps), Danziger Goldwasser und andere Liköre hat er in ganz erklecklicher Menge verköstigt, sehr gern übrigens am Morgen. Wohl um sich für den Tag zu wappnen.

Sein regelmäßiger Umgang mit Spirituosen war aber auch ihm nicht ganz geheuer. So bedient er sich seit 1792/93 immer häufiger des griechischen Code-Worts »kéras« (»Füllhorn«), um seinen Schnapskonsum vor seiner Frau, vielleicht auch indirekt vor sich selbst, zu verbergen: »ein wenig *kéras* des Morgens«, »etwas viel *kéras*«, »morgens viel *kéras*«, lauten die kleinlauten Eingeständnisse der Niederlagen. Und um so mehr wirft er sich in die Brust, wenn es ihm mal geglückt ist, Enthaltsamkeit zu üben: »Schwerer Sieg über *kéras*, aber complet.« Am Ende dann das resignierende Bekenntnis: »So eben komme ich auf dem Garten an, sehr vergnügt und fühle mich recht leicht. Gottlob etwas *kéras* freilich ohne das ist nichts in der Welt für mich wenigstens.«

Kurzum, Lichtenberg war ein Gewohnheitstrinker. Sein Alkoholkonsum wurde ihm wenigstens zum Ende seines Lebens immer mehr zum Problem, allerdings ohne daß er nun völlig die Kontrolle darüber verloren hätte. Irgendwann in seinen letzten Lebensjahren mußte er wohl einsehen, daß seine schweren körperlichen Leiden nur noch mit diesem Palliativ zu ertragen waren. Zeigte er sich vorher grundsätzlich von einer diätetischen Lebensweise als Voraussetzung für gute Gesundheit überzeugt, so entschuldigt Lichtenberg kurz vor seinem Tod im Sudelbuch, offenbar pro domo redend, den Gebrauch von »Giften«: »Vor einigen Tagen las ich wieder, daß ein Prediger im Lüttichischen, wo ich nicht irre, der 125 Jahre alt gestorben ist, von dem Bischofe sei gefragt worden, wie er es angefangen habe so alt zu werden. Ich habe mich, sagte er, des Weins, der Weiber und des Zorns enthalten. Hier ist, wie mich dünkt, nur die große Frage: wurde der Mann so alt, weil er sich jener Gifte enthielt, oder weil [er] ein Temperament besaß, das es ihm möglich machte sich jener Gifte zu enthalten? ... Daß sich mit jenen Giften jemand das Leben verkürzen kann, und zwar sehr stark, ist kein Beweis, daß man sich das Leben dadurch verlängert, daß man sich ihrem Gebrauch entzieht. Wer das Temperament nicht hat, würde, wenn er sich des andern Geschlechts enthielte, gewiß sein Leben damit *nicht* verlängern.« Und ganz ähnlich ist es wohl auch mit dem Wein. Lichtenberg jedenfalls hatte nicht das Temperament dazu.

U

Unzüchtige Literatur Bei oberflächlicher Betrachtung könnte das Jahrhundert der Aufklärung durchaus den Eindruck erwecken, es habe mit pornographischer Literatur nicht sehr viel anfangen können: Wer soviel Wert legt auf eine rationale Lebensgestaltung und geradezu notorisch die Domestizierung der Leidenschaften predigt, dem mag man die notwendige Sinnlichkeit eben nicht zutrauen.

Bekanntermaßen trügt der Schein – die Aufklärung lechzte nach »Einschlägigem«. Die »teutsche« Autoren-Phalanx schlug sich auf diesem Felde allerdings wenig mannhaft – wie erwartet. Hierzulande kursierten ausschließlich Übersetzungen französischer und englischer Sotadica.

Lichtenberg schien sich bei derlei »Bückware« halbwegs auszukennen. Von Marquis de Sades *Justine* und Choderlos de Laclos' *Les liaisons dangereuses* hatte er zumindest gehört, Claude Crébillons *Le Sopha, conte moral* sehr genau gelesen. An Franz Ferdinand Wolf, der ihn um ein Urteil über den erotischen Roman *Lindamine, ou l'Optimisme dans les pays chaud* (dt. Übers. *Lyndamine, oder die beste Welt in warmen Landen*) anging, schreibt er interessiert: »Lindamine kenne ich gar nicht. O schicken Sie mir sie, vielleicht kan ich dann mit weitern Nachrichten dienen.« Und schon eine Woche später kann Lichtenberg tatsächlich »mit weitern Nachrichten dienen« (offenbar hat ihm Wolf rasch und bereitwillig willfahrtet): »Diesen *Schwein-Peltz* von einem Buch kenne ich schon, ich hatte nur den Titul vergessen. Dieterich hat es mir einmal heraufgebracht ... Es ist schlecht geschrieben. Dom Bougre, und The History of a Woman of pleasure [bekannter unter dem Titel *Fanny Hill*] sind viel besser.« Inwiefern besser? Anspruchsvoller ...?

Im Sudelbuch dann nennt er *Dom Bougre* ein »sehr schmutzige[s] Buch, worin aber doch hier und da Witz ist. Auch *Therese philosophe* gehört hieher.« Damit haben wir sie nun alle beisammen. Vor allem die letzten beiden Einhand-Schmöker, Charles Gervaise de Latouches *Histoire de Dom Bougre* und die *Thérèse philosophe* von Jean Baptiste d'Argens, sind zwei wirkliche Meilensteine erotischer Literatur des 18. Jahrhunderts. Lichtenberg hat Geschmack bewiesen. Laut Paul Englischs immer noch maßgeblicher *Geschichte der erotischen Literatur* von 1927 haben wir es hier mit den veritablen Höhepunkten der Epoche zu tun (beide Bücher wurden übrigens jüngst für alle Studienräte und andere Freunde des Erotischen von Robert Darnton neu herausgegeben; ↑Quellen- und Literaturverzeichnis).

Wie kann es nun aber angehen, daß ein Philosoph wie Lichtenberg solchem Schweinkram »Witz« attestiert? Das liegt wohl daran, daß einige in der Tat witzig waren. Denn – außerhalb Deutschlands! – versuchten auch die Protagonisten der Aufklärungsbewegung ihr literarisches Glück in dieser Gattung. Einmal weil man sich die enorme Popularität der Erotica zunutze machen wollte, um die Botschaft der Tugend und Vernunft möglichst breit zu streuen; zum anderen jedoch, weil man den didaktischen Wert des Themas Sex erkannte. Darin nämlich ließen sich die zentralen Anliegen der Aufklärung spiegeln – und auf drastisch-anschauliche Weise der lesenden Öffentlichkeit nahebringen. Beispielsweise die These von der ursprünglichen Gleichheit der Menschen im Naturzustand. Im Bett ist alles Natur, und in der Tat, hier hat der Abbé oder Graf genauso seinen Mann zu stehen wie der Bauer oder Pferdeknecht – ohne jeglichen Standesvorteil. Das muß auch dem ausgemachten Simpel unmittelbar eingeleuchtet haben.

Das Bett, der große Gleichmacher: der Stände, teilweise aber auch der Geschlechter. So spielen die Frauen *nicht nur* die Rolle des allzeit verfügbaren, mit unersättlicher Libido ausgestatteten Spielzeugs für männliche Mußestunden, obwohl auch dieses Stereotyp natürlich nicht fehlen darf, ihnen kommt bisweilen ein – für die Verhältnisse des Ancien régime – recht erstaunliches Maß an Individualität und Selbstbestimmung zu. Die gleichnamige Protagonistin aus *Thérèse philosophe* zum Beispiel darf nicht nur ihre Kopulationspartner und die in Frage kommenden Beischlafpraktiken selbst wählen, sie braucht auch weder zu heiraten noch Kinder zu bekommen (was im 18. Jahrhundert allemal eine lebensgefährliche Angelegenheit war). Aber natürlich beherrscht – zumal im *Dom Bougre* – die krude männliche, von Masturbationsphantasien verstellte Optik das erotische Geschehen, die noch eine Vergewaltigung zu einem erfüllten sinnlichen Erlebnis für die Frau werden läßt: »Sie versucht noch immer, sich meinen Armen zu entwinden, ich leiste Widerstand, ich werfe sie nieder; wütend erhebt sie sich und springt mir ins Gesicht, sie will es zerkratzen, sie beißt, sie schlägt um sich, ihr ganzer Körper ist in Bewegung, Schweiß rinnt über ihre geröteten Wangen … schon verzweifle ich am Sieg, die Raserei erhöht ihre Kräfte, die Leidenschaft verringert die meinigen, ich feuere mich an, nehme alle Kraft zusammen, spreize die Schenkel, und mein Schwanz, der nur darauf wartet, daß ich meine Hose aufknöpfe, schnellt ebenso stürmisch empor, wie ein Baum sich aufrichtet, wenn man die Schnur zerschneidet, die ihn zur Erde niedergebogen hielt; ich bringe ihn an die Möse, ich stoße zu, er dringt ein. Die Wut meiner Frömmlerin läßt nach, sie schlingt ihre Arme um mich, küßt mich, schließt die Augen und sinkt halb ohnmächtig zurück.«

Wie gesagt, wenn überhaupt, finden wir hier erste zaghafte Schritte in Richtung auf die sexuelle Emanzipation der Frau. Darum ging es den Aufklärern aber auch gar nicht (oder jedenfalls nur am Rande). Ihre liebste Zielscheibe war die Kirche (die katholische zumal), ihre – erklärtermaßen – vorrangige Aufgabe, die Absurdität der orthodoxen Lehre zu entlarven und den Glauben auf eine rationale Grundlage zu stellen. Auch das läßt sich gut machen im erotischen Genre. Wo könnte man besser die scheinheilige Sexualmoral des christlichen Glaubens oder den Unsinn des Zölibats geißeln. In der blühenden Phantasie der Autoren, die sich mitunter aber auf historisch Verbürgtes stützt (wie in der *Thérèse philosophe*), erscheinen die Klöster dann auch als wahre Lasterhöhlen: die Patres onanieren bei den pikanten Geständnissen im Beichtstuhl; Betschwestern und Novizen sind Freiwild der sprichwörtlich geilen Mönche; man feiert Orgien im klostereigenen Bordell und treibt den Teufel mit dem Phallus aus. Kurzum, auch unter der weiten Kutte der Keuschheit zeichnet sich deutlich die Erektion ab.

Was im religionsphilosophischen Kern zur Disposition steht, ist die Verteufelung der Konkupiszenz, mit anderen Worten das Erbsünde-Dogma. Beide Verfasser schreiben dagegen an, und vor allem d'Argens, übrigens ein guter Freund vom eher asketischen Friedrich II., erweist sich als

Meister aufgeklärter Rabulistik. Er konstatiert, daß auch die sinnliche Leidenschaft – wie alles auf dieser Welt – einen göttlichen Ursprung haben müsse, und seine Argumentation ist schlagend: Nur wenn man voraussetze, daß eine andere Instanz, etwa die Natur oder der Teufel, mächtiger sei als Gott, nur dann könne man die sinnlichen Leidenschaften von Gott separieren. Das aber wäre Blasphemie. »Wenn sie [die anderen Instanzen] ihm untergeordnet sind, dann mußte Gott also erlaubt haben, daß diese Leidenschaften in mir waren, und sie sind sein Werk.« Daraus folgt nun wiederum, daß man guten Gewissens und ohne Scham den sinnlichen Freuden frönen dürfe: »Er gab uns das Bedürfnis zu essen, zu trinken und alle Freuden zu genießen. Warum sollten wir also erröten, wenn wir seine Absichten erfüllen?«

Das Interesse der Aufklärung an Pornographie beruht jedoch nicht allein auf ihrem antiklerikalen bzw. religionskritischen Impuls, es ist außerdem erkenntnistheoretisch fundiert: Nach dem damals allgemein verbreiteten – erst vom kantischen Kritizismus abgelösten – Sensualismus geht alle Erkenntnis auf sinnliche Wahrnehmung zurück; der erotischen Empfindung, der sinnlichsten aller Wahrnehmungen, kommt damit ein ganz besonderes Erkenntnispotential zu. Folglich wird die Entdeckung der Sexualität, vor allem die Defloration, häufig von einem *intellektuellen* Durchbruch begleitet. Thérèse beispielsweise beginnt erst zu philosophieren, als sie die Wonnen der Onanie kennengelernt hat: »Die Finsternis meines Geistes zerstreute sich, und allmählich lernte ich, folgerichtig zu denken und zu urteilen.«

Wir sehen schon in diesem groben Holzschnitt, was man im 18. Jahrhundert mit Sexualität im Sinn hatte, unterscheidet sich doch in vielem von unserem Denken (was keineswegs ausschließt, daß die Erotica nicht heute noch eine gewisse aphrodisische Wirkung haben können). Wer also wissen will (und das wollen wir doch wohl wissen!), was Lichtenberg und seine Zeitgenossen damals im Schlafzimmer so umtrieb, bleibt – trotz ihrer Klischees und Verzeichnungen – auf die Quellengattung der Pornographie verwiesen. Es wird Zeit, daß Philologen und Kulturhistoriker ihr endlich die gebührende Aufmerksamkeit schenken, die ihr wahre Philosophen wie Lichtenberg schon immer entgegenbrachten.

V

Verantwortung In einem Besinnungsartikel des 1794er Kalenders, *Einige Betrachtungen über die physischen Revolutionen auf unsrer Erde,* reflektiert Lichtenberg auch über die Grenzen der Wissenschaft: »Vulcane können wir nicht anlegen; es fehlt uns die Macht dazu, und hätten wir die Macht, so würde uns doch die Einsicht fehlen, sie gehörig anzubringen. (O fehlte doch immer die Macht, wo die Einsicht fehlt!)«

Offenbar zweifelt Lichtenberg daran – sonst müßte er diese glückliche Verhältnismäßigkeit wohl nicht so sehr beschwören –, daran nämlich, daß die intellektuelle Progression der Menschheit immer Schritt hält mit der ständigen Weiterentwicklung seiner technischen und naturwissenschaftlichen Möglichkeiten. Ins Sudelbuch schreibt der hellsichtige Physiker, der von FCKWs ganz sicher nichts wissen konnte: »Es wäre doch möglich, daß einmal unsere Chemiker auf ein Mittel gerieten unsere Luft plötzlich zu zersetzen, durch eine Art von Ferment. So könnte die Welt untergehen.«

Dem aufklärerischen Optimismus der Zeit leise widersprechend, sieht Lichtenberg die Gefahr einer sich verselbständigenden, geradezu selbstvergessenen Wissenschaft voraus, die zwar vollkommen rationalistisch operiert, aber dennoch nicht mehr vernünftig genannt werden kann, weil sie ihre humanitäre Bestimmung aus den Augen verloren hat. Ziemlich aktuelle Gedanken, die über hun-

dert Jahre später auch Max Weber umtreiben und mit denen sich in letzter Zeit verstärkt die philosophische Ethik beschäftigt, unter dem Rubrum »Technikfolgenabschätzung«.
Um die Bedrohung durch eine schrankenlose Verwissenschaftlichung abzuwehren, fordert Lichtenberg vor allem Verantwortungsbewußtsein: »Unternimm nie etwas, wozu du nicht das Herz hast, dir den Segen des Himmels zu erbitten!« Und Humanität: »Hauptbemühung der Physiker *Nutzen* für das menschliche Geschlecht.« Darüber hinaus plädiert er jedoch auch für eine gewisse Selbstbescheidung der Wissenschaft, für Demut vor einem Weltgebäude, das der Forscher nie werde ganz durchdringen können. Beispielsweise in der kleinen Parabel *Ein Traum*. Hier imaginiert Lichtenberg die Begegnung eines Wissenschaftlers, seines Traum-Ichs, mit einem »Überirdischen«, der ihm eine kleine Kugel zur Untersuchung überläßt. Er macht sich sogleich an die Arbeit und analysiert seinen Gegenstand nach allen Regeln der Kunst. Einige Zeit später kehrt der Gott zurück, läßt sich die Ergebnisse zeigen und fragt, ob er denn wisse, was er da untersucht habe. Lichtenbergs Wiedergänger muß verneinen und wird im nun folgenden platonischen Dialog belehrt:

Der Geist. So wisse, es war nach einem verjüngten Maßstabe, nichts Geringeres als – *die ganze Erde*.
Ich. Die Erde? – Ewiger, großer Gott! und das Weltmeer mit allen seinen Bewohnern, wo sind denn die?
Er. Dort hängen sie in deiner Serviette, die hast du weggewischt.
Ich. Ach! und das Luftmeer und alle die Herrlichkeit des festen Landes!
Er. Das Luftmeer? Das wird dort in der Tasse mit destilliertem Wasser sitzen geblieben sein, und mit deiner Herrlichkeit des festen Landes? Wie kannst du so fragen? Das ist unfühlbarer Staub; da an deinem Rockärmel hängt welcher.«

Das war das erste Gleichnis, dem noch ein zweites nachfolgt. Abermals stellt der göttliche Greis dem erzählenden Ich eine Aufgabe. Er bekommt einen Sack überreicht und soll dessen Inhalt »chemisch« prüfen, zu seiner Überraschung findet er darin jedoch ein Buch: »Die Sprache und Schrift desselben waren keine der bekannten ... Alles was ich lesen konnte, waren die Worte auf dem Titelblatt: *Diese prüfe mein Sohn, aber chemisch, und sage mir was du gefunden hast* ... Wie? sprach ich zu mir selbst, ich soll den Inhalt eines Buchs chemisch untersuchen? Der Inhalt eines Buchs ist ja sein Sinn, und chemische Analyse wäre hier Analyse von Lumpen und Druckerschwärze. Als ich einen Augenblick nachdachte, wurde es auf einmal helle in meinem Kopf, und mit dem Licht stieg unüberwindliche Schamröte auf. O! rief ich lauter und lauter, ich verstehe, ich verstehe!«
O! frage ich eindringlicher und eindringlicher, haben Sie verstanden, haben Sie verstanden? Zunächst einmal lesen wir in dieser neuerlichen parabolischen Volte ja wohl ein schüchternes Eingeständnis der beschränkten menschlichen Erkenntnisfähigkeit: Auch der Forscher, und verfügte er über noch so feine Analysemethoden, werde niemals in der Lage sein, im Buch der Schöpfung zu lesen. Durch die Zergliederung des Untersuchungsgegenstands, die einerseits notwendig ist, weil der Mensch nur auf diese Weise Erkenntnisse zu gewinnen vermag, entfernt er sich andererseits von dessen eigentlichem Wesen. Er verliert gewissermaßen den Überblick, sieht nur, je nach Analysegrad, einen kleinen Ausschnitt der Realität und nicht, wie alles mit allem zusammenhängt. Das Wissen um solche kognitiven Unzulänglichkeiten ist Lichtenberg eine hinreichende Begründung für szientistische Behutsamkeit, deshalb der unausgesprochene Appell an den Wissenschaftler, stets die Folgen seines Handelns zu kalkulieren.

Verleser, Lichtenbergscher Diesen Gattungsbegriff für einen Lese-Fauxpas, der auf einen wie auch immer neurotischen Befund schließen läßt, wurde von Robert Gernhardt in die Psychoanalyse eingeführt. Denn Lichtenberg gebührt vermutlich die Ehre, als erster auf dieses Phänomen hingewiesen zu haben, das in der Struktur dem über hundert Jahre später entdeckten Freudschen Versprecher nicht unähnlich ist. In seinem Sudelbuch notierte er sich folgenden Aphorismus: »Er las immer Agamemnon statt angenommen, so sehr hatte er den Homer gelesen.« Mit anderen Worten (auch diese Erläuterung liefert uns Gernhardt gleich mit): »Der Mensch liest, was er weiß.« Nun führt auch der Satiriker wie sein Ahnherr ein Gedankenbuch, in dem er vergleichbare Fälle von Lichtenbergschen Verlesern festgehalten, ja gesammelt hat und 1992, anläßlich des 250. Geburtstags unseres Psychoanalytikers wider Willen, dem interessierten Publikum mitgeteilt hat (den Anteil seines Kombattanten F. W. Bernstein an diesem kleinen Florilegium dürfen, wollen wir hier nicht verschweigen): »Er las im Vorbeigehen Cimabue statt Klimabau, so sehr beschäftigte ihn die italienische Malerei.« – »Er las auf einem Plakat Bauchausstellung statt Buchausstellung, so sehr bekümmerte ihn sein Gewicht.« – »Er war so politisiert, daß er Vietnam las statt Vitamin.« – »Er war derart konsumorientiert, daß er Colgate las statt Golgatha.« Werter Leser, sollten Ihnen noch weitere Beispiele einfallen, lassen Sie es bitte Herrn Gernhardt wissen. Oder uns, wir leiten sie dann weiter. Danke schön!

W

Werther Auch wenn sich eine Lieblingsvorstellung der Germanistik als pure Legende herausgestellt hat, von einem »Werther-Fieber« recht eigentlich nie die Rede sein konnte, die Aufklärer-Zunft immerhin hat die im *Werther* vorgeführte Emanzipation des Gefühls einigermaßen beunruhigt und das Goethesche Heischen nach Leser-Identifikation als Aufforderung zum Selbstmord verstehen wol-

len. So glaubt denn ein Friedrich Nicolai etwa, Aufklärungsarbeit leisten zu müssen. Er schreibt eine längliche Parodie *(Freuden des jungen Werthers. Leiden und Freuden Werthers des Mannes)*, in der Werthers Selbstmord vereitelt wird, weil seine Pistole bloß mit Hühnerblut gefüllt ist, das junge Genie somit überlebt und sich zu einem pflichtbewußten, ehrbaren, ja vernünftigen Familienvater und Biedermann entwickelt. Ob das alle überzeugt hat?
Nun, auch Lichtenberg macht sich so seine Gedanken: »Die schönste Stelle im Werther ist die, wo er den Hasenfuß erschießt.« Und jetzt verstehen Sie sicher, warum wir kein *Nicolai-ABC* geschrieben haben!?

Witz und Verstand In seinen *Geologischen Phantasien*, einem Taschenkalender-Aufsatz, der um Benjamin Franklins Weltentstehungs-Spekulationen kreist, diskutiert Lichtenberg zunächst vor allem die intellektuelle Beschaffenheit, die eine solche gelehrte Spielerei notwendig voraussetzte. Und man merkt bald, daß er hier von zu Hause spricht. Nicht jeder gebildete Kopf ist auch zugleich ein kluger: »Ich habe Leute gekannt von schwerer Gelehrsamkeit, in deren Kopf die wichtigsten Sätze zu Tausenden selbst in guter Ordnung beisammen lagen, aber ich weiß nicht wie es zuging, ob die Begriffe lauter Männchen oder lauter Weibchen waren, es kam nichts heraus. In einem Winkel ihres Kopfs lag Schwefel, im andern Kohlenstaub, im dritten Salpeter genug, aber das *Pulver* hatten sie nicht erfunden. Was ist das? Hingegen gibt es wiederum Menschen, in deren Kopf sich alles sucht und findet und paart, und läge es auch anfangs eine ganze Kopfsbreite aus einander.« Ja, was ist das? Diesem ist's gegeben, jenem offenbar nicht. Die Fähigkeit zur produktiven Kombinatorik könnte man sagen: also die Fertigkeit, auch entfernte bzw. versteckte Ähnlichkeiten und Verwandtschaften zwischen den Dingen aufzuspüren, die Welt gedanklich auf den Kopf zu stellen und so längst verhärtete Sprech-, Denk- und Wahrnehmungsweisen wieder in Fluß zu bringen. Mit einem Wort Lichtenbergs – und seiner Zeitgenossen: Witz. Er meint damit nicht etwa den geistvollen Spaß, den bloß witzigen Einfall (das wäre vielmehr »Esprit«), also eine oberflächliche Zurschaustellung kombinatorischer Fähigkeiten, sondern eine die Sache nicht verratende, gewissermaßen in den Dienst der Erkenntnis gestellte produktive Phantasie. Denn »Witz ohne Kenntnisse« sei »für einen vernünftigen Leser just das, was eine Suppenschüssel ohne Suppe für einen hungrigen Magen ist«.

Der erkenntnistheoretische Gegenspieler des Witzes (er spricht auch zuweilen von »Phantasie«, »Ingenium« oder »Combinatio Idearum«) ist der Verstand: die skrupulös abwägende, scharfsinnige, also genau beobachtende und analysierende Ratio. Ein Korrektiv, das die zur Entgrenzung neigende Phantasie immer wieder in die Schranken weist, den frei flottierenden Geist auf den Boden der Tatsachen zurückholt. Noch einmal die *Geologischen Phantasien*: »Phantasie und Witz sind das leichte Corps, das die Gegenden rekognoszieren muß, die der nicht so mobile Verstand bedächtlich beziehen will ..., aber freilich wehe ihnen, wenn sie sich zu weit entfernen, oder gar ohne Verstand und Urteilskraft für sich allein agieren. Sie werden alsdann gemeiniglich von jedem geschlagen, der sich diese geringe Mühe nehmen will.«

Das sind die Pole, zwischen denen sich – Lichtenberg zufolge – Erkenntnis abspielt: Witz und analytischer Scharfsinn. Er ließ beiden durchaus ihr Recht. Welcher Erkenntnisweise er jedoch größere Sympathien entgegenbrachte, dürfte nicht schwer zu erraten sein: »Wenn Scharfsinn ein Vergrößerungs-Glas ist, so ist der Witz ein Verkleinerungs-Glas. Glaubt ihr denn daß sich bloß Entdeckungen mit Vergrößerungs-Gläsern machen ließen? Ich glaube mit Verkleinerungs-Gläsern, oder wenigstens durch ähnliche Instrumente in der Intellektual-Welt sind wohl mehr Entdeckungen gemacht worden.« Und um »Entdeckungen« war es einem »ächten« Aufklärer ja in erster Linie zu tun. Mit einem solchen Feuereifer gar, daß er es für »nützlich« hielt, offenbar ohne das Paradoxe an seinem Vorschlag zu bemerken, »einmal eine Anweisung zu geben wie man nach gewissen Gesetzen von der Regel abweichen könne«. Damit wäre dann in der Tat, wie Hans Blumenberg bereits angemerkt hat, »das Geheimnis der Kreativität« gelöst, Witz und Verstand fielen in eins – Weihnachten und Ostern auf einen Tag.

X

Xanthippe »Xantippe oder besser Xanthippe heißt eigentlich gelbe Stute«, weiß Lichtenberg. Und weißt auch Du nun, geneigter Leser, der Du schon so weit gekommen ist in diesem Büchlein. Wohlan, ans Werk, gleich ist's geschafft.

Y

Yorick So heißt der Schädel, den Hamlet mit den berühmten Worten »Alas, poor Yorick« bedauert, und so heißt auch der edle und gute, nur leider etwas spottlustige Landpfarrer in Laurence Sternes *The Life and Opinions of Tristram Shandy, Gentleman*, der nach einer perfiden Intrige gegen ihn an gebrochenem Herzen stirbt, und den dann der Erzähler mit eben diesen Worten bedauert. Yorick ist so eine Art Alter ego Sternes – und wurde auch von den Zeitgenossen schon so gedeutet. In ihm hat er sich selbst porträtiert oder doch wohl eher stilisiert, denn so konnte man sich vor der Mit- und Nachwelt durchaus sehen lassen.
Apropos Nachwelt. Auf seiner zweiten Englandreise besuchte Lichtenberg Sternes Grab und schrieb hernach an Boie: »Als ich in einiger Entfernung die Worte Laurence Sterne auf dem Stein erblickte, fühlte ich mich durchaus

bewegt und wie an heiliger Stätte.« Sternes anspielungsreiche, witzige und durch ständige Digressionen überaus komplexe Erzählkunst hat Lichtenberg – wie die meisten seiner Zeitgenossen, die ein gewisses Mitspracherecht in literarischen Dingen beanspruchen konnten – fasziniert und zu eigenen Romanplänen angeregt, die aber leider über ein paar Manuskript-Seiten nicht hinausgekommen sind. Später sollte er seine anfängliche Bewunderung dann aber etwas zurücknehmen: »Ein Buch kann die ganze Seele seines Verfassers zurückwerfen, aber es verrät eine große Unbekanntschaft mit der Welt und dem menschlichen Herzen, wenn man dieses von Yoricks [also Sternes] Schriften glaubt. Yorick war ein kriechender Schmarotzer, ein Schmeichler der Großen, und eine unausstehliche Klette am Kleide derer, die er zu beschmausen sich vorgenommen hatte. Er kam uneingeladen zum Frühstück, und wenn man ausging, um ihn loszuwerden, so ging er mit aus, und mit in andere Gesellschaft, weil er glaubte, er könne nirgends unangenehm sein. Ging man nach Hause, so ging er wieder mit, und setzte sich endlich zu Tisch, wo er gern allein und von sich selbst sprach.« Ein richtiges Ekel. Hm. Lichtenberg hat seine anfängliche Bewunderung dann doch ziemlich zurückgenommen.

Z

Zeittafel

1742 1. Juli. Geburt Lichtenbergs in Ober-Ramstadt als 17. (und letztes) Kind seiner Mutter Henriette Katharina (1696–1764), geb. Eckhardt, und des Pfarrers Johann Conrad Lichtenberg (1689–1751). Vater Lichtenberg notiert im Kirchenbuch, daß sein um 5 Uhr nachmittags »gebohrnes Söhnl. so gleich wegen Schwachheit« von ihm getauft worden sei.

1751 17. Juli. Tod des Vaters.

1752 Im Herbst kommt Lichtenberg auf das Darmstädter Pädagogium, das er bis Herbst 1761 besucht (im Herbst 1754 wird er nach Secunda, im Herbst 1756 nach Prima, im Herbst 1958 nach Selecta versetzt).

1762 Seine Mutter ersucht den Landgrafen von Hessen-Darmstadt um ein Stipendium für ihren Sohn (datiert auf den 8. August).

1763 Vermutlich verläßt Lichtenberg Darmstadt am 1. Mai und trifft am 6. Mai in Göttingen ein. Am 21. Mai immatrikuliert er sich als »Mathematum et Physices Studiosus« an der Georgia-Augusta in Göttingen. Lichtenberg belegt die Fächer Mathematik, Physik, zivile und militärische Baukunst, Ästhetik, englische Sprache und Literatur, Staatengeschichte Europas, Diplomatik und Philosophie bei den Professores Abraham Gotthelf Kästner, Albrecht Ludwig Friedrich Meister, Johann Christoph Gatterer, Gottfried Achenwall, Christian Wilhelm Büttner et alii. Lichtenberg befreundet sich mit den Kommilitonen Jöns Matthias Ljungberg und Johann Christian Polycarp Erxleben.

1764 Am 11. Juni stirbt die Mutter. Im Herbst beginnt er seine (überlieferte) Sudelbuch-Führung – das Sudelbuch A.

1765 Am 30. Januar liest Lichtenberg in Gatterers Historischer Akademie seine Abhandlung *Von den Charakteren in der Geschichte*. Er beginnt das Notizbuch »Kéras Amaltheias« (das Füllhornbuch). Am 26. Juni wird Maria Dorothea Stechard, die Stechardin, geboren.

1766 Im Frühjahr erkrankt Lichtenberg schwer. Am 17. Mai wird in den *Gelehrten Beyträgen zu den Braunschweigischen Anzeigen* Lichtenbergs erste Satire *Versuch einer natürlichen Geschichte der schlechten Dichter, hauptsächlich der Deutschen* gedruckt. Im *Hannoverischen Magazin* erscheint am 4. August sein Aufsatz *Von dem Nutzen, den die Mathematik einem Bel Esprit bringen kann*. Unter Kästners Anleitung betreibt Lichtenberg astronomische Beobachtungen in Göttingen (bis 1774).

1767 Lichtenberg übernimmt (bis 1770) die Funktion eines Hofmeisters für englische Studenten in Göttingen, seine besondere Fürsorge gilt Lord Thomas Swanton und William Henry Irby. Im April (Osterferien) reist Lichtenberg nach Clausthal. Am 17. August ernennt ihn der hessische Landgraf zum »2. Professor in der Mathematik« und »öffentlichen Lehrer der Englischen Sprache« in Gießen. Lichtenberg will die Stelle nicht antreten und bittet darum, sich »noch einige Zeit ohne den Genuß einiger Besoldung hier aufhalten zu dürfen«. Kant-Lektüre.

1768 Am 11. Juni beginnt Lichtenberg Sudelbuch B. In diesem Jahr lernt er voraussichtlich auch seinen späteren Vermieter, Verleger und Duzfreund Johann Christian Dieterich kennen.

1769 Lichtenberg lernt den Herausgeber des *Göttinger Musenalmanach* und Spiritus rector des Göttinger Hain, Christoph Heinrich Boie, kennen.

1770 Am 25. März bricht Lichtenberg zur ersten Reise nach England auf, um seine beiden Zöglinge Irby und Swanton nach Hause zu bringen. Ankunft in London am 10. April. Am 22. April wird er von König Georg III. auf der Sternwarte in Richmond empfangen (der »glücklichste Tag meines Lebens«). Mitte Mai tritt er die Rückreise nach Göttingen an, wo er wohl am 1. Juni eintrifft. Am 31. Mai ergeht eine Anweisung Georgs III. nach Hannover, Lichtenberg zum Extraordinarius zu ernennen. Am 26. Juni wird er mit einem Jahresgehalt von 200 Talern als Außerordentlicher Professor bestallt. Lichtenberg kündigt mathematische Vorlesungen an und läßt eine Broschüre, *Betrachtungen über einige Methoden, eine gewisse Schwierigkeit in der Berechnung der Wahrscheinlichkeit beym Spiel zu heben*, drucken (die obligatorische Antrittsvorlesung, die wahrscheinlich nie gehalten wurde). Zum Jahresende reist er nach Gotha (zu seinem Bruder Ludwig Christian) und nach Hannover und kehrt Mitte Januar 1771 zurück.

1771 Im Mai observiert Lichtenberg einen Komet. Am 28. Juni besucht ihn Gleim.

1772 Lichtenberg bestimmt in königlichem Auftrage die geographische Position von Hannover, Osnabrück und Stade (bis 1773). Im Februar reist er mit Dieterich und dessen Frau nach Gotha zu seinem Bruder. Am 2. März bricht Lichtenberg nach Hannover auf (1. Station der Vermessungsreise), wo er Johann Andreas Schernhagen, seinen intensivsten Briefpartner in späteren Jahren, und Johann Daniel Ramberg kennenlernt. Am 31. August reist er aus Hannover ab und erreicht Osnabrück (2. Station) am 4. September. Dort lernt er Justus Möser und Maria Magdalena »Miecken« Tietermann kennen. Im September beginnt er Sudelbuch C.

1773 Am 15. Februar reist Lichtenberg von Osnabrück über Hannover zurück nach Göttingen, wo er am 1. März eintrifft. Am 26. April begibt er sich mit verschiedenen Zwischenaufenthalten (u. a. in Celle) nach Stade (letzte Station der Vermessungsreise), wo er am 18. Mai eintrifft. Dort verweilt er bis Anfang November und unternimmt eine Fahrt nach Helgoland und zwei kurze Reisen nach Hamburg, wo er mit Friedrich Gottlieb Klopstock zusammentrifft. Im August beginnt er Sudelbuch D. Am 23. Dezember kehrt Lichtenberg nach Göttingen zurück. Unter dem Pseudonym Conrad Photorin erscheint seine erste große Streitschrift *Timorus, das ist Vertheidigung zweyer Israeliten, die durch die Kräftigkeit der Lavaterischen Beweisgründe und der Göttingischen Mettwürste bewogen den wahren Glauben angenommen haben*, außerdem – bei Dieterich – seine erste separat gedruckte Satire: *Patriotischer Beytrag zur Methyologie der Deutschen. Nebst einer Vorrede über das Methyologische Studium überhaupt.*

1774 Im Januar besucht Lichtenberg seinen Bruder in Gotha. Am 13. April wird er als außerordentliches Mitglied in die Mathematische Klasse der Königlichen Sozietät der Wissenschaften zu Göttingen aufgenommen. Am 29. August bricht er zum zweiten Mal nach England auf und trifft dort am 25. September ein. Lichtenberg ist mehrfach Gast beim König und dessen Familie, lernt die Teilnehmer von Captain James Cooks 2. Weltreise, Reinhold und Georg Forster, Sir Joseph Banks und den Südseeinsulaner Omai, kennen. Er trifft verschiedene Londoner Mechaniker, die Wissenschaftler Jean André Deluc, Daniel Solander und Joseph Priestley, besucht die prosperierende Industriestadt Birmingham. Er verbringt längere Zeit in den Badeorten Margate, Bath und Brighton. Lichtenberg berauscht sich am pulsierenden Großstadtleben Londons und nutzt das breitgefächerte kulturelle Angebot dort, besucht Museen, geht häufig ins Theater. Gegen Ende seines Aufenthalts wird er dem damals berühmtesten englischen Schauspieler David Garrick vorgestellt. Er stenographiert seine Eindrücke mit, weil er sie später in Boies *Deutschem Museum* veröffentlichen will. Am 26. Oktober überreicht Lichtenberg Georg III. das Widmungsexemplar der von ihm besorgten *Opera inedita* von Tobias Mayer.

1775 Am 20. Januar wird Lichtenberg zum Ordentlichen Professor der Universität Göttingen ernannt und am 30. Juni davon in England unterrichtet. Am 15. April beginnt er Sudelbuch E. Am 7. Dezember begibt er sich auf die Heimreise, kommt am 31. Dezember in Göttingen an. Er zieht sogleich in Dieterichs Haus ein.

1776 Am 4. April beginnt Lichtenberg Sudelbuch F. Am 14. Oktober erhält er Besuch von Jean André Deluc, mit dem er sich in England angefreundet hatte. Am 14. Dezember liest Lichtenberg der Göttinger Sozietät der Wissenschaften die Ergebnisse seiner Vermessungsreise vor *(Observationes astronomicae per annum*

1772 et 1773 ad situm Hannoverae, Osnabrugi et Stadae determinandum institutae). Beginn der Freundschaft mit Johann Friedrich Blumenbach. Im *Deuschen Museum* erscheinen Lichtenbergs *Briefe aus England*. Mit zwei Streitschriften – *Epistel an Tobias Göbhard in Bamberg über eine auf Johann Christian Dieterich in Göttingen bekannt gemachte Schmähschrift* und *Friedrich Eckard an den Verfasser der Bemerkungen zu seiner Epistel an Tobias Göbhard* – verteidigt Lichtenberg die Rechte seines Verlegers Dieterich und polemisiert gegen unrechtmäßige Nachdrucke.

1777 Mit seinem satirischen *Anschlag-Zeddel im Namen von Philadelphia* vom 7. Januar vertreibt Lichtenberg den Zauberkünstler Jacob Philadelphia aus Göttingen. Am 8. März besucht ihn Lessing. Im April entdeckt er die nach ihm benannten elektrischen Figuren. Im Mai lernt er die Stechardin kennen. Lichtenberg besorgt die Herausgabe des *Göttinger Taschen Calenders* auf das Jahr 1778, den er von nun an bis zu seinem Tod betreut. Dafür schreibt er seine wohl bekannteste Streitschrift *Über Physiognomik* (zweite erweiterte und separat gedruckte Auflage 1778), in der er sich scharf gegen Johann Caspar Lavaters Thesen wendet. Im Wintersemester 1777/78 liest er erstmals über Experimentalphysik.

1778 In zwei Sozietätssitzungen stellt er seine Forschungen zur elektrischen Materie vor. In den *Göttingischen Gelehrten Anzeigen* erscheint am 28. Februar sein Aufsatz wider die Weltuntergangs-Prophezeiungen *Etwas von dem fürchterlichen Kometen, welcher, einem allgemeinen Gerücht zufolge, um die Zeit des ersten April unsere Erde abholen wird*. Er schreibt Kalender-Erklärungen zu Kupferstichen Daniel Chodowieckis (bis 1783). In der Zeit vom 6. bis zum 22. Juni reist er über Hannover nach Hamburg (eine Überfahrt nach Helgoland schlägt wegen Sturms fehl). Am 27. Dezember besucht ihn Georg Forster und quartiert sich für zwei Wochen bei ihm ein.

1779 4. Januar: Ehrenpromotion zum Magister und Ernennung zum Ordentlichen Mitglied der Königlichen Sozietät der Wissenschaften. Lichtenberg beginnt das verlorene Sudelbuch G. Im Januar besucht ihn Christoph Martin Wieland. Um Ostern tritt die Stechardin in Lichtenbergs Haushalt ein. In den Pfingstferien vom 23. bis 26. Mai reist Lichtenberg in Begleitung Georg Forsters nach Hannover zu Schernhagen. Am 15. Juli ist Johann Heinrich Merck bei Lichtenberg zu Besuch.

1780 Zusammen mit Georg Forster gibt Lichtenberg das *Göttingische Magazin der Wissenschaften und Litteratur* heraus (bis 1785). Die Stechardin wird »ohne priesterliche Einsegnung meine Frau« – und zieht an Ostern ganz zu ihm. Im Juni errichtet er auf seinem Gartenhaus den ersten Blitzableiter Göttingens und veröffentlicht dazu die *Nachricht von dem ersten Blitz-Ableiter* in den *Göttingischen Gelehrten Anzeigen*. Außerdem erscheinen sein *Gnädigstes Sendschreiben der Erde an den Mond* und der *Vorschlag zu einem Orbis Pictus für deutsche dramatische Schriftsteller, Roman-Dichter und Schauspieler*.

1781 Am 19. März besucht ihn Herzog Karl August von Weimar in Begleitung Mercks. Im Juli sind Garve und Forster bei Lichtenberg. Er beginnt den »Calender« (das »Rote Buch«). Seine Polemik *Über die Pronunciation der Schöpse des alten Griechenlands,* die in seinem *Magazin* erscheint und sich gegen Voß' Übersetzung des griechischen Eta wendet, löst eine Folge von Streitschriften aus. Abermalige Kant-Lektüre.

1782 Am 2. Januar ernennt ihn die Danziger, am 19. Januar die Hallische Naturforschende Gesellschaft zu ihrem Mitglied. Am 4. August stirbt die Stechardin. Lichtenberg trauert. Er beginnt, sich wissenschaftlich mit Gasen zu beschäftigen: *Über die neuerlich in Frankreich angestellten Versuche, große hohle Körper in der Luft aufsteigen zu machen.*

1783 Ab Mai führt Margarete Elisabeth Kellner bei Lichtenberg den Haushalt und wird bald auch seine Geliebte. Vom September datiert die älteste handschriftliche Nachricht Lichtenbergs über seine Krankheit. Am 28. September besucht ihn Goethe. Im Oktober wohnen Georg Forster und Samuel Thomas Soemmering für zwei Wochen bei Lichtenberg. Johann Gottwerth Müller besucht ihn. Die *Fragmente von Schwänzen,* bereits 1777 entstanden, erscheinen als Separatdruck bei Dieterich. Ballon-Versuche.

1784 Vermutlich beginnt Lichtenberg in diesem Jahr das verlorengegangene Sudelbuch H. Am 16. September wird sein Sohn Karl Ludwig geboren, stirbt jedoch schon nach drei Monaten. Am 15. Oktober bewilligt man ihm einen Bildungsurlaub in Italien unter Vorauszahlung eines Jahresgehalts (die geplante Reise mit Ljungberg kommt indessen nicht zustande). Alessandro Volta besucht Lichtenberg. Lichtenberg gibt die durch eigene Zusätze erweiterte dritte Auflage von Johann Christian Polycarp Erxlebens *Anfangsgründe der Naturlehre* heraus, der noch drei weitere Überarbeitungen von ihm folgen (1787, 1791 und 1794). Im *Göttingischen Taschen Calender* für 1784 beginnt er seine Erklärungen der Hogarthschen Kupferstiche.

1785 Johann Heinrich Campe besucht Lichtenberg im Sommer des Jahres. Er schließt Freundschaft mit Samuel Thomas Soemmering. Die Italienreise scheitert endgültig.

1786 Am 4. Dezember wird Lichtenbergs Sohn Georg Christoph Eckhard geboren († 19. Dezember 1845). Im Juni besucht ihn Lavater.

1787 Am 20. August wird sein Sohn Christian Friedrich geboren († 3. September 1789).

1788 Am 15. September wird Lichtenberg zum Hofrat ernannt.

1789 Am 1. Januar beginnt Lichtenberg Sudelbuch J. Am 24. Juni wird seine Tochter Christine Luise Friederike geboren († 17. Dezember 1802). Am 5. Oktober beginnt die große Krankheit, von der er nicht wieder vollkommen gesundet. Im Krankenbett heiratet er Margarete Elisabeth Kellner, um ihr und den Kindern das Erbe zu sichern. Er beginnt das Goldpapierheft und führt von nun an regelmäßig ein Tagebuch (Staatskalender).

1790 Anfang Mai nimmt Lichtenberg die Vorlesungen wieder auf, die er während der Krankheit für mehrere Monate nicht halten konnte.

1791 Im *Calender* für 1791 erscheint Lichtenbergs Glaubensbekenntnis *Amintors Morgenandacht*. Am 22. Oktober wird sein Sohn Wilhelm Christian Thomas geboren († 30. Mai 1860).

1792 Im *Calender* für 1792 erscheint *Einige Neuigkeiten vom Himmel* und *Erfindung neuer Kartoffeln*.

1793 Er beginnt die »Excerpta physica et mathematica«. Im *Calender* für 1793 erscheint der Aufsatz *Warum hat Deutschland noch kein öffentliches Seebad?*. Am 1. März wird seine Tochter Margarete Elisabeth Agnese Wilhelmine geboren († 30. September 1820). Am 11. April erwählt ihn die Royal Society in London zu ihrem Mitglied. Am 27. April beginnt er Sudelbuch K. Er korrespondiert mit Goethe über die Farbenlehre. Im Dezember beginnt seine Dolly-Affäre.

1794 Im Mai erscheint die Vorrede zur ersten Lieferung der *Ausführlichen Erklärung der Hogarthischen Kupferstiche* (5 Lieferungen, 1794 – 1799), Lichtenbergs wirkungsvollstes Werk im 19. Jahrhundert. Er beschäftigt sich mit Lavoisiers antiphlogistischer Chemie.

1795 Im *Calender* für 1795 erscheint *Ein Wort über das Alter der Guillotine* und *Über Gewitterfurcht und Blitzableiter*. Am 13. Januar ereilt ihn ein Ruf an die Universität Leiden, den er jedoch ausschlägt. Er wird aufgenommen in die Petersburger Akademie der Wissenschaften. Am 13. Juni wird seine Tochter Auguste Friederike Henriette geboren († 15. Dezember 1887).

1796 Lichtenberg arbeitet an der Biographie *Nicolaus Copernicus*, die erst 1800, mithin postum erscheint. Am 24. März ernennt ihn die Societas Physica zu Jena, am 24. August die Mathematisch-Physikalische Gesellschaft zu Erfurt zu ihrem Mitglied. Am 19. Dezember beginnt er Sudelbuch L.

1797 Am 24. Juli wird sein Sohn Friedrich Heinrich Lichtenberg geboren († 17. Januar 1839).

1798 Am 23. März ernennt ihn die Jenaische Mineralogische Societät zum Ehren-, am 19. Mai die Hollandse Maatschappy der Weetenschappen te Harlem zum Mitglied. Im August besucht ihn Jean André Deluc. Lichtenberg liest Jean Paul.

1799 24. Februar: Letzte Krankheit und Tod Lichtenbergs. Im *Calender* für 1799 erscheint *Rede der Ziffer 8 am jüngsten Tage des 1799ten Jahres im großen Rath der Ziffern* gehalten.

Zote In seinem *Göttinger Taschen Calender* für 1798 stellt Lichtenberg *Eine kleine Aufgabe für die Übersetzer des Ovid in Deutschland*. Und zwar geht es um folgendes Distichon aus den *Heroiden* (Sappho an Phaon):

Si, nisi quae forma poterit te digna videri,
Nulla futura tua est; nulla futura tua est.

Lichtenberg gibt eine Prosaübersetzung: »Wenn nur Die, die Deiner durch Schönheit würdig wäre, die Deine werden kann: so kann nie eine die Deinige werden«, räumt aber ein, daß »die Form ... in der Schmelzung zu Prose größtentheils verloren gegangen« sei. Die Aufgabe des Übersetzers möge nun sein, »die dichterisch metrische Naturform« im Deutschen wiederherzustellen. Es hagelt Einsendungen. Am besten schneidet ein unbekannter Schwabe ab, Johann Friedrich Weihenmajer mit Namen:

Wisse, dass, wenn von allen, die nicht an Schönheit Dir gleichen,
Keine die deinige wird, keine die deinige wird.

Auch Lichtenbergs Freund Bürger hat sich beteiligt und vier ganz anmutig gereimte Alexandrinerpaare eingesandt. Etwa:

> Wenn außer Wohlgestalt, vollkommen wie die deine,
> Dein Herz nicht eine rührt, so rührt dein Herz nicht eine.

Den eigentlichen Witz der Ovid-Verse hat er nur leider nicht getroffen. Übrigens in keinem Fall, auch nicht im letzten, mutwilligsten, aber auch elegantesten Versuch:

> Wenn, außerm Ideal der höchsten Wollustregeln,
> Du keine vögeln kannst, so kannst du keine vögeln.

Das war Bürger seinem Ruf aber auch schuldig. Lichtenberg hat es sich so erklärt: »Es ist als wenn unsere Sprachen verwirrt wären; wenn wir einen Gedanken haben wollen, so bringen sie uns ein Wort, wenn wir ein Wort fordern, einen Strich, und wo wir einen Strich erwarteten, steht eine Zote.« Und Lichtenberg kann sich nicht ganz freisprechen von derartigen Verwirrungen. Dann wird aus dem Sudelbuch ein wirkliches Sudelbuch: »Es ist eine schöne Ehre die die Frauenzimmer haben, die einen halben Zoll vom Arsch abliegt!«
Je nun, so beendet man ein *Lichtenberg-ABC*.

Staatsbibliothek Berlin, Bildarchiv (Handke)